FLOHMARKT-INSPIRATIONEN

TRAUMHAFTE WOHNIDEEN

Sabine Alaguillaume und Franck Schmitt
Fotos: Franck Schmitt

PROPRIETE
RIVEE
NTREE
ERDITE

CHOCOLAT-MENIE

Le Kilo

CAUDÉRAN

Inhalt

DER CHARME DES LANDHAUSSTILS

MODERNE TRENDS

EUROPA UND ÜBERSEE

LEIDENSCHAFTEN UND SAMMLUNGEN

VORWORT

Die Begeisterung für antike Möbel steht am Anfang der Kunst, ausrangierten und schließlich vergessenen Objekten ein zweites, manchmal überraschendes Dasein zu schenken. In diesem Buch stellen wir keine neuen Möbel vor, sondern zeigen eine bunte Ansammlung von Fundstücken, jedes mit einer eigenen Geschichte. Die Beschäftigung mit Antiquitäten und Trödel ist auch eine Begegnung mit der Zeit. Man benötigt Neugier und ein aufmerksames Auge, doch Hast ist fehl am Platz. Nach Antiquitäten zu stöbern, ist ein wenig dem Träumen und Flanieren vergleichbar … und dazu gehört ein Sinn für den Zauber der Fülle, für die Ansammlung von Schätzen, die die Zeichen der Vergangenheit tragen. Man sollte offen und begeisterungsfähig sein, das Unvorhergesehene willkommen heißen und nicht nur die betretenden Pfade einschlagen. Derart aufgespürte, gut gewählte Möbel und Accessoires haben das Zeug, die Schmuckstücke einer Einrichtung zu werden, sei sie nun maritim, typisch britisch, im Landhaus- oder Industriestil. In einem solchen Universum, komponiert aus authentischen Einzelteilen mit einem Hauch gestrigen Charmes, bietet jede Entdeckung Anlass zur Freude.

DER CHARME DES LANDHAUSSTILS

Landhäuser und Möbel von einst

Nicht selten besteht die Einrichtung von Wochenend- und Ferienhäusern aus einem bunten Sammelsurium alter Möbel und Objekte – ausrangierten Familienmöbeln oder Erbstücken, von denen man sich nicht trennen konnte. In dieser Umgebung kommt der Charme alter Möbel am besten zur Geltung, denn er intensiviert die Ausstrahlungskraft der alten Mauern, die Präsenz der Geschichte eines Hauses. So wie das Design als Merkmal des urbanen Umfelds gelten kann, sind alte Möbel typisch für das Land! Erwähnt sei auch, dass Antiquitäten in ländlichen Gebieten in der Regel einfacher zu finden und kostengünstiger zu erstehen sind.

Setzt man bei der Einrichtung ganz und gar auf die Karte der Vergangenheit, so erzeugt man eine unvergleichliche Authentizität. In einen umgebauten Stall passen Objekte, die eine Verbindung zur Tierhaltung herstellen; in einer ehemaligen Schule beschwören alte Schulbänke, Garderobenhaken und eine Tafel die Atmosphäre der Klassenzimmer von einst. Gerade wenn bestimmte Themen im Hinblick auf die Geschichte eines Gebäudes auf der Hand zu liegen scheinen, lässt sich auch mit dem Kontrast zwischen Vergangenheit und Gegenwart spielen – beispielsweise, indem man einen Bereich mit Möbeln und Accessoires im Industriestil ausstattet.

◄ Eine Vitrine aus einem Lebensmittelgeschäft dient als Geschirrschrank; im Wohnzimmer verbreitet ein Sessel antiken Charme.

▲ Klarheit herrscht in diesem restaurierten Regal, in dem sich alte Bücher, Familienporträts und Sammlerobjekte vereinen.

Das neue Leben der Möbel und Objekte anno dazumal

Landhausmöbel bestehen vorzugsweise aus Holz – so auch die hier gezeigten schönen Schränke, die, je nach Epoche und Mode, gewachst oder gestrichen wurden. Einen alten Vitrinenschrank kann man im Landhausstil restaurieren, indem man das Glas durch Stoff (Leinen, Spitze, Stoff mit Blumendruck ...) oder Hühnerdraht ersetzt; aber auch das Innenleben will mit Geschmack gestaltet sein! Für das Schlafzimmer gibt es Nachtschränkchen, oft mit Abstellplatz für den berühmten Nachttopf unserer Urgroßmütter. Die alten Zargenbetten aus Holz erleben im Kinderzimmer eine zweite Jugend, denn oft eignen sie sich von ihrer Länge her eher für Kinder als für ihre Eltern. Erwachsenenschlafzimmer können durch Betthimmel aus Holz originell verschönert werden, von denen man Vorhänge aus Toile de Jouy oder Leinenstoffen herabhängen lässt.

Viele Speicher von Landhäusern sind richtiggehende Fundgruben, deren Schätze bei Trödlern und auf Flohmärkten in Kleinstädten und Dörfern zum Kauf angeboten werden.

Ausrangierte Gitterbettchen für Kinder lassen sich in Sofas verwandeln und mit einem Dutzend bequemer Kissen dekorieren. Weiß oder farbig gestrichen, passen sie in jedes Interieur.

In dieser renovierten Scheune dient ein ehemaliges Kinderbett als improvisierte Sitzbank.

Ein neu gestrichener Bauerntisch, gerahmt von einer Kirchenbank und einer Porträtsammlung vom Trödel.

Eine ehemalige Kirchen- oder Bahnhofsuhr, ein Crapaud-Sessel mit Leinenbezug und eine niedrige Anrichte sorgen für ein Ambiente mit Charme.

Das Büffet mit dem Familien-
geschirr hat zwischen Küche und
Esszimmer Platz gefunden; ein
Farbanstrich verhalf dem alten
Esstisch zu neuem Glanz.

▼ Ein altes Kühlmöbel wird in einer Küche oder einem Entree zum charmanten Blickfang.

Die meisten alten Landhausmöbel haben klare Linien; tatsächlich hatte der praktische Aspekt Vorrang vor der Ästhetik, und es ist genau diese Besonderheit, die sie heute so begehrt macht, denn sie lassen sich problemlos mit allen Einrichtungsstilen kombinieren. Möbel aus Läden oder Werkstätten, insbesondere verglaste Ladenschränke, finden in der Küche einen idealen Platz. Der Tisch eines Tuchhändlers etwa bietet eine Arbeitsfläche, in die ein Waschbecken oder eine Kochplatte eingelassen werden kann.

Im Bad erweckt eine gusseiserne Badewanne mit Löwenfüßen den Charme der Bäder von einst wieder zum Leben. Prüfen Sie, bevor Sie eine solche Badewanne aufstellen, ob der Boden das Gewicht tragen kann.

▶ Dieses halbhohe Büffet erstrahlt dank eines Anstrichs mit Bleiweiß im neuen Look.

Streichen oder nicht?

▶ Sind Möbel stilistisch sehr unterschiedlich, kann man sie in zarten Farben streichen und erzielt so ein einheitliches Interieur.

▶ Alle Grau- und Beigetöne sind modern. Oft findet man aber auch Anrichten in kräftigeren Farben: in Zinnoberrot, sattem Orange oder verwaschenem Khaki. Im Laufe der Jahre aufgetragene Farbschichten kommen zum Vorschein, wenn man das Möbelstück abbeizt und seinen originalen Farbton freilegt.

MÖBEL AUS HANDWERK UND GEWERBE

Die lange Zeit unbeachtet gebliebenen, im Zuge des Wandels der Handwerksberufe sogar oft entsorgten Gebrauchsmöbel erfreuen sich heutzutage beim Antiquitätenhändler und beim Trödler großer Beliebtheit. Lebensmittelschränke, Tuchhändlertische, Wäschereiwaagen, Hobelbänke, Schlachtblöcke erobern unsere Interieurs. Schränke von Samenhändlern und Metzgereimobiliar aus Stahl schmücken Küchen und Esszimmer. Ateliertische dienen als originelle Esstische oder Konsolen. Möbeln aus Pfarrhäusern oder Sakristeien verleihen den Räumen, die sie ausstatten, einen Hauch von Noblesse und Spiritualität.

Ihre ungewohnten Proportionen als auch ihre Funktionalität sind der Grund dafür, dass diese Objekte heute so begehrt sind. Oft handelt es sich um imposante Möbelstücke, die zu dekorativen Inszenierungen einladen. Mit ihren zahlreichen Schubladen oder Regalbrettern bieten sie enorm viel Stauraum.

Ihre Originalität und Einzigartigkeit machen den Wert dieser Stücke aus. Zum Teil handelt es sich um Maßanfertigungen von Schreinern und Kunsttischlern. Wenn Sie ein solches Möbel erstehen, sollten Sie versuchen, seine Herkunft und seine Vergangenheit zu erforschen, um es angemessen wertschätzen zu können. In den Schubladen oder auf den Regalbrettern finden sich vielleicht Hinweise auf seinen ursprünglichen Gebrauch. Etiketten mit Aufschriften wie „Kopfschrauben" oder „Muttern" lassen darauf schließen, dass es sich um ein Werkstattmöbel handelt; Größenangaben auf Schubladen sind ein Hinweis auf einstiges Mobiliar für Strumpf- oder Kleiderwaren.

Arbeitsmöbel erhalten ein zweites Leben: oben ein alter Notarschrank.

Unten, von links nach rechts, ein Präsentationsschrank, eine Atelierkommode mit Schubladen, eine kleine Werkbank in Blockform und eine schöne Strumpfwaren-Kommode.

▲ **Ehemalige Geschirrtücher wurden von kreativen Antiquitätensammlern in Kissenbezüge und Leinenbeutel umgearbeitet.**

In der Küche

Ein robuster, gut proportionierter Bauerntisch mit der Patina von Jahrzehnten trägt die Spuren des Alltagslebens mehrerer Familiengenerationen, die sich um ihn versammelt haben. Dazu passen Stühle aus Rohrgeflecht oder Stroh oder auch Bänke, deren Stil von rustikal bis raffiniert reicht.

Ein Vorratsschrank, sei es als Stand- oder Hängeschrank, schützte dank eines Fliegendrahts Käse, Früchte oder Fleischwaren vor Insekten und Nagern. Auch wenn er inzwischen durch den Kühlschrank ersetzt wurde, verkörpert ein alter Speiseschrank in einer moderne Küche jene Seele, die man sich von einem alten Objekt oder Möbelstück erhofft.

Andere kleine Standmöbel eignen sich zum Lagern trockener Lebensmittel, zum Beispiel Mehlschränke, die zum Zweck der Belüftung mit Fliegendraht versehen sind. Holztruhen, in denen man Waren oder Körbe aufbewahrte, bieten auf raffinierte Weise wertvollen Stauraum. Nicht zuletzt machen sich Apfeldarren und verschiedene Kästen und Kisten aus Holz als schöne Regale in Küche oder Wohnzimmer.

► **Großmutters Schalen sind heute gefragter denn je.**

Rustikales Geschirr

► Fundstücke, die besondere Freude bereiten, sind alte Schalen im Landhausstil, in sanften Farben und oft mit Blumen- oder grafischen Mustern verziert. Es gibt nicht wenige Sammler, die ganz bestimmte Modelle suchen. Man kann das Geschirr einzeln oder als Service erstehen.

► Alte Gewürz-, Zucker- und Kaffeedosen entzücken viele Sammler. Man findet Stücke aus Weißblech, emailliertem Metall, Keramik, Porzellan …

Leidenschaft für alte Wäsche

▶ Alte bestickte Wäsche besitzt ihren ganz eigenen Charme. Trauen Sie sich, sie in modernen Farben zu färben oder sie anders zu verwenden als ursprünglich vorgesehen. Bettlaken kann man in Vorhänge oder Stores, aber auch in Tischsets, Tischdecken oder Kissenbezüge verwandeln. Alte Mehlsäcke lassen sich in Kissen, Beutel etc. umarbeiten.

▶ Oft findet man auf Flohmärkten oder beim Trödler alte Geschirrtücher oder Bettlaken mit Stickerei, spitzenbesetzte Nachthemden usw., oft aus dicker Baumwolle, aus Leinen oder aus Mischgewebe. Selbst wenn die Preise dafür anziehen, sind sie noch recht günstig zu haben. Gestickte Monogramme lassen sich auf neuer Wäsche wiederverwenden.

▲ Ein alter Rollwagen aus einem Büro oder einer Kantine bewahrt das Familiengeschirr auf.

Eine Serie von Gewürzdosen aus emailliertem Metall und kleine amüsante Accessoires in der Küche sind originelle Hingucker.

ORIGINAL, KOPIE ODER NEUAUFLAGE?

Wenn Sie auf die individuelle Geschichte, die ein altes Möbelstück erzählt, verzichten können oder das Objekt Ihrer Träume unauffindbar oder unbezahlbar ist, dann sind Neuauflagen alter Modelle vielleicht die Lösung Ihres Problems. Diese Möbel haben den Vorteil, eben neu und manchmal funktioneller zu sein als die Originale.

Um den Bedarf zu decken, den die zunehmende Begeisterung für alte Möbel erzeugt, haben sich viele Firmen auf diesen stark wachsenden Markt spezialisiert. Zahlreiche Einrichtungsläden und sogar Versandgeschäfte haben eine Vielzahl von Objekten und Möbeln im Angebot – Kommoden, Stühle, Konsolen, Spiegel usw. –, die von der Vergangenheit inspiriert sind.

Manches alte Objekt ist derart bekannt geworden, dass es 30 oder 40 Jahre später durch denselben Hersteller wieder auf den Markt gebracht wurde. Ein Beispiel dafür sind die berühmten Tolix-Stühle und Tolix-Hocker, die sich grandios in eine moderne Einrichtung einfügen.

Doch geben Sie acht: Zu viele Neuauflagen in einem Raum können den Aspekt des Neuen überstrapazieren! Bemühen Sie sich um eine kluge Mischung aus Alt und Neu. So können Sie bereits zu einem moderaten Preis ein charmantes Küchenbüffet erwerben, das nach dem Vorbild eines alten Werkstattschranks entstand. Hauchen Sie ihm Leben ein, indem Sie es mit Accessoires vom Flohmarkt, wie Siphons oder alten Limonadenflaschen, ergänzen.

Lassen Sie sich von einer echten alten Badewanne oder von einer schönen Neuauflage begeistern, deren Emailoberfläche ein ruhiges, entspanntes Bad verspricht?

Täuschend echte Fertigung ...

Bei alten Möbeln sollte man großen Wert auf die Art der Oberflächenbearbeitung legen. Manche Hersteller von Nachbauten sind in ihrem Bemühen um Originaltreue derart detailversessen, dass sie selbst Gebrauchsspuren und Patina perfekt imitieren. Damit wird es schwierig, zwischen sehr guten Kopien und echten Antiquitäten zu unterscheiden. Haben Sie Zweifel, so bitten Sie den Verkäufer um genaue Auskunft.

▶ Dieser Nachbau eines Bauerntischs wurde in einer matten Farbe gestrichen und anschließend mit braunem Wachs behandelt.

▼ Zahlreiche Versandhändler haben Neuauflagen der Tolix-Stühle im Angebot – würdige Vertreter des Industrie-Stils im eigenen Zuhause!

Antikes im Garten

Die Gartenkunst des 19. und 20. Jahrhunderts hat viele Objekte und Möbel hervorgebracht, die unseren heutigen Gärten und Wohnräumen einen Hauch von Poesie verleihen. Auf Flohmärkten findet man alte Gebrauchsobjekte mit einer reizvollen Patina. Manche davon kommen aus England, das seit dem 16. Jahrhundert berühmt für seine Gärten ist.

Gießkannen aller Formen aus Zink, Weißblech oder Kupfer sind äußerst begehrt. Melonenglocken oder Salatschüsseln aus mundgeblasenem Glas bestechen durch ihre Einzigartigkeit und laden dazu ein, Sammlerobjekte oder frisch geerntetes Gartengemüse schön zu präsentieren.

Ein weiterer Trend vom Beginn des 19. Jahrhunderts: Möbel, Objekte oder Tierfiguren aus Gussbeton, die eine beträchtliche Wertsteigerung erfahren haben. Manche sind unbehandelt, andere in mehr oder weniger lebhaften, teils richtig kitschigen Farben bemalt.

Zink und Schmiedeeisen

Zu den Klassikern zählen schmiedeeiserne Stühle und Tische oder auch unauffällige kleine Klapptische mit Eisenbeschlägen. Letztere sieht man oft in Begleitung von Klappstühlen aus Eisen mit einer Sitzfläche aus Holzlatten. Manchmal trifft man diese Möbel auch in Landhausküchen an.

Charme und Geschichte strahlen Pflanz- oder Gärtnertische aus, die vormals als Arbeitsfläche oder als Zwischenlager für Pflanzen dienten. Häufig sind sie mit verzinkten Arbeitsflächen sowie mit Waschbecken und Abfluss ausgestattet. Dort topfte man Pflanzen um und bereitete Sämlinge oder Stecklinge vor.

◄ Auf einem alten Tisch mit Rostansatz bilden Gießkannen, Zinkübertöpfe und Melonenglocke ein ländliches Stillleben.

► Im Ort L'Isle-sur-la-Sorgue in Frankreich sind die Stände der Trödler wie Einrichtungen aufgebaut, die man im eigenen Zuhause nachempfinden kann.

Eine verwitterte Parkbank, Blumentöpfe aus Zink und Ton, ein Vogelkäfig … der Garten setzt sich in Szene.

Eine vom Garten inspirierte Einrichtung lässt sich durch architektonische Elemente wie Firstabschlüsse (aus Zink, Steingut oder Ton), Dachfriese aus Holz (typisch für das Elsass und das Departement Landes), volkstümliche Objekte wie Statuetten oder Tierfiguren aus Metall, Holz, Gips oder Beton (sehr verbreitet zu Beginn des 19. Jahrhunderts) ergänzen. Als dekorative Elemente verleihen sie dem Ambiente einen Hauch von Frische und Authentizität.

Eine Sammlung von Objekten aus Zink, umrahmt von ausrangierten Fenstern, kommt in diesem Entree zu Ehren.

Auf diesem improvisierten Regal aus einer Stehleiter und mehreren Brettern werden alte Gießkannen zur Schau gestellt.

Gießkannen hoch im Kurs

▶ Alte Gießkannen aller Formen und Epochen sind beliebte Deko-Objekte und gesuchte Sammlerstücke. Die Zinkgießkanne unserer Großeltern ist recht häufig zu finden, andere Modelle sind selten geworden.

▶ Die Formen variieren je nach Herkunftsland, sei es Deutschland, England oder unterschiedliche Regionen Frankreichs. Achten Sie auf Signaturen oder Stempel.

MODERNE TRENDS

Das industrielle Erbe

In den 1950er-Jahren kamen die Industriemöbel auf. Sie entsprachen den Bedürfnissen der seit dem Ende des Zweiten Weltkriegs in den USA und Europa stark wachsenden Wirtschaft. Stühle mit angebauter Tischfläche, Schränke mit Innenbeleuchtung – die typischen Fabrikmöbel waren robust und funktionell. Als Material bevorzugte man Stahl, gelegentlich mit etwas Massivholz kombiniert. Ihre klaren Formen wurden zu ihrem Markenzeichen, und sie sind der Grund für den Erfolg und die hervorragende Integrierbarkeit dieses Mobiliars in eine moderne Einrichtung.

Garantiert robust!

Aus seinem ursprünglichen Kontext gelöst, gewinnt das einstige Industriemobiliar eine neue Dimension. Das Knirschen der Hobelbänke, der dumpfe Klang der Stempel in den Büros sind passé, doch der Charme der Vergangenheit wirkt fort. Die Remington-Schreibmaschine evoziert nicht mehr die Langeweile des Büroalltags, sondern ist – angesichts der Uniformität unserer Computer – von Romantik beseelt! Ähnlich der ehemalige Zahnarztschrank, nun mit einem hübschen Blumenstrauß verziert ... Der Papierschneidetisch mag heute als Küchentisch dienen, der Postsortierschrank in seinen zahlreichen Fächern Schätze und Sammlungen beherbergen. So ist auch der praktische Wert alter Fabrikspinde nicht zu vernachlässigen. Als Hängeschränke belassen oder durch den Einbau von Brettern mit Fächern versehen, bieten sie unvergleichlich viel Stauraum.
Und keine Klage über die teils riesigen Dimensionen dieser Möbel! Genau damit verleihen sie einer Einrichtung ihre ganz spezielle Note. Einmal gereinigt und wiederhergerichtet, kann man diese Stücke erneut der Zeit überlassen, die sie im Laufe der Jahre mit einer vibrierenden Patina von Grautönen versieht.

Ein einfacher Arbeitstisch mit originalen Tolix-Stühlen. Die Atelierlampe wurde auf das Stativ eines Fotoapparats geschraubt.

In dieser kleinen Wohnung evozieren die Küchentheke aus Zink und die Drehhocker das Ambiente einer alten Fabrik.

Plädoyer für das Ungewöhnliche

Man braucht nicht in einer ehemaligen Fabrik zu wohnen, um einen Raum durch einen alten Kinoprojektor zu beleuchten, einen Stuhl aus gestanztem Metall als Sitzgelegenheit zu nutzen oder seine Jacke an einen Fabrik-Kleiderhaken zu hängen! Hier und da ein dekoratives Schild aus emailliertem Blech oder Zink erinnert an das Arbeitsleben von einst ... Auch aus ihrem ursprünglichen Zusammenhang gelöst, besitzen diese Möbel und Objekte eine beeindruckende Authentizität. Ihre originelle Form, ihre unerhörten Dimensionen, ihre versteckten Schubladen und ihre ungewohnten Proportionen ziehen die Blicke auf sich. Es macht Spaß, die Ursache dieser Gebrauchsspur oder jenes Farbauftrags herauszufinden und einen kleinen Ausschnitt ihrer industriellen Vergangenheit dem Vergessen zu entreißen.

Muss man auch in diesem Bereich achtgeben, nicht auf Kopien hereinzufallen? Tatsächlich ist auch das Industriedesign davon nicht verschont. So findet man auf dem Markt gefälschte Fabrikhocker mit Spuren schwarzen Maschinenöls, deren wahre Geschichte aber nur sehr kurz zurückreicht ...

Ein alter Garderobenschrank versieht in einem Eingangsbereich wieder seinen Dienst.

◂ Dieses stählerne Büromöbel eines Fotografen hat nun einen Ehrenplatz im Wohnzimmer.

Clubsessel, lederbezogene Hocker und alte Uhren bilden ein elegantes Trio im Fabrikstil.

Unentbehrliches für den Anfang

Jieldé-Lampe. Diese Lampe, die in den 1950er-Jahren von Jean-Louis Domecq (JLD) zum Ausleuchten seiner Maschinen entworfen wurde, besteht aus robustem Stahl. Der raffinierte Entwurf mit den beiden durch Gelenke verbundenen Armen besitzt eine hohe Flexibilität. Dieses Modell ist nicht zuletzt wegen seiner runden Kugelgelenke sehr gefragt.
Tolix-Stuhl. 1934 von Xavier Pauchard entworfen und schon bald in Serie gebaut. Mit dem praktischen stapelbaren Stuhl wurde der berühmte Ozeandampfer „Normandie" möbliert. Auch heute noch wirkt der Stuhl aus gestanztem Metall aktuell. Dank seines unempfindlichen Materials lässt er sich im Innen- und Außenbereich verwenden.
Uhr. Man kann sich gut vorstellen, wie diese Uhren in den Fabriken für alle sichtbar aufgehängt waren und wie die Zeit manchmal sehr langsam verging. Die schön gestalteten Zifferblätter sind heute eine Zier für unsere Wände – manchmal auch in Serie, wenn man drei, vier oder fünf nebeneinanderhängt.
Metallspind. Die Fabrikarbeiter hatten einen mit einer Nummer oder einem Etikett versehenen und durch ein kleines Vorhängeschloss gesicherten Spind. Ein winziger persönlicher Bereich inmitten des Fabriklärms. Er gehört zu den Industriemöbeln, die am einfachsten umzubauen sind: Mit ein paar Ablagebrettern lässt er sich in einen Schuhschrank verwandeln; mit neuem Farbanstrich passt er perfekt ins Kinderzimmer.
Hocker. Ganz aus Stahl oder mit einer Sitzfläche aus schön patiniertem Holz ist der Hocker in der Regel höhenverstellbar. Als Abstelltischchen oder Barhocker erhält er eine neue Funktion.

Das alte Postsortierschränkchen beherbergt heute Fotos und Zeitschriften.

RESTAURIEREN UND UMFUNKTIONIEREN

Um ein Möbelstück oder einen Haushaltsgegenstand in origineller Weise umzufunktionieren, vergisst man am besten seine ursprüngliche Funktion und denkt sich eine neue Bestimmung dafür aus. So finden alte Waschmaschinen auch im modernsten Badezimmer noch ihren Platz – als Schmutzwäschebehälter. Werkbänke und -tische aus Betrieben und Fabrikhallen werden, abgebeizt und neu gestrichen, zu kleinen Schreibtischen in bunten Kinderzimmern. Mit Schablonen aufgetragene Buchstaben, Blumen oder Herzen betonen den spielerischen Aspekt dieser Möbel. Alle Arten von Möbelstücken eignen sich für solche Verwandlungen: ein paar Pinselstriche, neue Griffe, und fertig!

Diese kleine Werkbank aus Metall dient heute als Kinderschreibtisch.

Manchmal entscheidet auch die Notwendigkeit. So wird ein hoher Stuhl niedrig, wenn man seine wurmstichigen Beine verkürzen muss. Sie haben eine wunderbare, jedoch imposante Anrichte bekommen, aber es fehlt an Platz? Trennen Sie Ober- und Unterschrank und verteilen Sie die beiden auf zwei Räume. Hat man das Glück, in den Besitz eines Kühlschranks aus den 1950er-Jahren mit den typischen abgerundeten Ecken und Kanten zu kommen, entfernt man das Kühlsystem, reinigt ihn gründlich, streicht ihn innen und außen und verwendet ihn im Wohnzimmer als Bar. Die Fantasie kennt keine Grenzen!

Diese hell gestrichene Anrichte bildete ursprünglich den Aufsatz eines Küchenbüffets im ländlichen Stil.

Trend: Militärmöbel

Die Welt des Militärs ist dekorativer, als man es für möglich hält. Charakteristisch sind klare Linien, Funktionalität und hochwertige Materialien, die den Fährnissen des Metiers und der Zeit widerstehen. Charakteristisch für den militärischen Stil ist ein puristisches Design. Metallkoffer, Archivboxen aus Pappmaschee, Jacken oder Verbandstaschen aus Wagenplane passen sich ideal ein in ein ungekünsteltes Interieur, sei dieses im ländlichen oder im industriel geprägten Stil. Koffer eignen sich als niedrige Tische, die die Flaschen für den nächsten Aperitif beherbergen; Archivboxen werden zu Sammelkästen für Rechnungen. Beutel ohne definierte Bestimmung lassen sich als Kultur- und Wäschebeutel oder Briefsäckchen nutzen.

Selten findet man große Stücke: Beim Militär heißt es mobil sein. Schreibtische verbergen sich in raffinierten Koffern. Erst wenn man diese öffnet, werden geheime Böden und Schubladen sichtbar. In Sachen Accessoires laden Teller und Becher aus Aluminium oder Weißblech zum improvisierten Picknick im Grünen ein, wo für alles gesorgt ist: für jeden ein Becher, eine aufgerollte, von zwei Gurten zusammengehaltene Tischdecke, Klappstühle für die weniger Sportlichen ...

Farblich dominiert Khaki, das manchmal durch etwas Braun, Schwarz, Weiß oder Rot aufgelockert wird. Ein Ton in Ton gedämpfter Farben, das schick und modern wirkt und sich gut mit einer modernen Einrichtung kombinieren lässt. Rot, Orange oder andere knallige Farben peppen das Ganze ein wenig auf. Sanfte Farbtöne wie Altrosa oder Hellblau, die ebenfalls harmonieren, erzeugen hingegen eine poetische Atmosphäre.

Diese schönen Materialien, die man in Resteläden oder auf Flohmärkten meist preisgünstig kaufen kann, lassen sich spektakulär umarbeiten. Alte Laken aus Leinen ergeben, rosa oder grün gefärbt, schöne Tischdecken oder originelle Vorhänge. Einfache Filzdecken, mit ebensolchen Laken doppellagig zusammengenäht, werden zu trendigen Plaids. Eine stabile Zeltplane lässt sich für die Unterseite selbstgenähter Bodenkissen oder Reisetaschen nutzen. Die robusten Armeestücke, ob gebraucht und mit entsprechender Patina oder als einstiges Reservematerial noch neu erhalten, sind definitiv für den Gebrauch bestimmt. In friedlicher Absicht!

Vor einem Stapel Armeekisten ein Stuhl, den ein Pariser Designer mit Uniformgürteln restauriert hat.

Mit neuem Anstrich fügt
sich dieser alte Armeespind
in ein modernes Interieur ein.

Vintage-Fantasien

Absolut im Trend liegen Möbel und Objekte der Jahre 1950 bis 1970. Drei Jahrzehnte, 30 gloriose Jahre der Kreativität und des Designs, in denen die Weiterentwicklung von Technik und Material, die während des Zweiten Weltkriegs erfolgt war, Einzug in die Ästhetik hielt. Leichter formbare Materialien brachten rundere Formen hervor, und die Farbe zog in den Alltag ein. Orange gelangte zu höchsten Ehren. Plastik, Melamin und andere Kunststoffharze wurden allgegenwärtig. Jede Neuheit war willkommen, sofern sie anti-konformistisch war. Gewissermaßen spiegeln die Vintage-Trouvaillen aus dieser Zeit einen Höhepunkt der Fantasie wieder.

Um solche Stücke aufzustöbern, braucht man ein aufmerksames Auge und nicht minder Fantasie, um die aus der Mode gekommenen Objekte wieder geschmackvoll herzurichten. Ein Tam-Tam-Hocker hier, ein Micky-Maus-Telefon dort, unzerbrechliches Geschirr mit geometrischen Mustern … viele Kleinigkeiten gewähren Ausblicke auf eine Kindheit, die noch gar nicht so lange her ist.

Doch aufgepasst: Der Geist der Freiheit in den 60er-Jahren hat nicht immer nur Wunderwerke an Raffinesse hervorgebracht! Hier ist sicherer Geschmack gefragt, will man nicht exzessivem Kitsch verfallen. Pin-up-Figürchen auf Textil mit psychedelischen Motiven öffnen Tür und Tor zu einem vielleicht doch etwas absonderlichen Stil …

Der Vintage-Stil erlaubt auch, dass man ältere Design-Objekte in ein modernes Ambiente integriert. So reißt man sich um die Möbel von Jean Prouvé, Charles und Ray Eames, George Nelson und anderen Stars jener Zeit und legt enorme Summen dafür auf den Tisch. Gleichzeitig werden ihre ergonomischen Stühle und fantastischen Leuchten in zahlreichen Neuauflagen wieder auf den Markt gebracht.

Eine authentische Vintage-Lampe aus den 1950er-Jahren bringt Schwung in ein feminines Interieur.

Moderne Klassiker: Tisch und Stühle verleihen dieser kleinen Zweizimmerwohnung, in der die Stile bunt gemischt sind, Charakter; ein alter Kühlschrank mit rosa Anstrich birgt die Bar.

Stilmix

Manch leidenschaftlicher Antiquitätenjäger hat sich auf einen ganz bestimmten Stil oder ein Thema verlegt. Der eine interessiert sich für Objekte aus Zink, der andere liebt Kleinmöbel aus den 1950er-Jahren … Doch nicht wenige dieser Fans alter Stücke wagen in ihrer Wohnung eine gekonnte Stilmischung.
Oftmals macht gerade der Mix von Alt und Neu den Charme einer Einrichtung aus. Scheuen Sie sich nicht, ein ultramodernes Interieur durch einen alten Sessel, ein historisches Gemälde oder ein Möbelstück vom Trödler um den Zauber der Vergangenheit zu bereichern. Auch wenn der konsequente Look in einem Design oft die einfachste Lösung ist, fehlt es ihm an Authentizität, und er wirkt auf Dauer recht steril. Das Miteinander von Möbeln und Objekten verschiedener Epochen und Herkunft wirkt behaglich und gleichzeitig überraschend. Durchstöbern Sie Ihren Speicher und den Ihrer Eltern und Freunde, verändern Sie hin und wieder Ihre Einrichtung, stellen Sie Ihre Möbel mal in ein anderes Zimmer und schaffen Sie auf diese Weise neue Assoziationen. Auch eine neue Dekoration sorgt auf einfache und schöne Weise für ein wenig Fantasie im Alltag!

Geschmackvoll kombiniert, erzeugen Objekte unterschiedlicher Stilrichtungen und Epochen eine warme Atmosphäre.

PAX

Eine Frage des Ambientes

Setzen Sie Ihr Dekor in Szene und verbinden Sie unterschiedliche Elemente durch einen thematischen Faden. Ein einheitliches Material oder dieselbe Farbe an verschiedenen Objekten sorgen für stilistische Homogenität, sodass man die Zusammenstellung sehr unterschiedlicher Möbel und Objekte nicht als Sammelsurium, sondern als ein zusammengehöriges Ganzes empfindet. Soll eine Stilmischung gelingen, muss man sich also Gedanken über die Gesamtausstattung machen. Besondere Aufmerksamkeit sollte der Wahl der Wandgestaltung zukommen. Eine barocke Tapete in lebhaften Farben kann dekorativer Ausgangspunkt für einen Raum im Boudoir-Stil sein, in dem sympathisches Chaos herrscht.

Der Landhaus- ebenso wie der industriel geprägte Stil funktionieren gut in einem klaren Ambiente. Möbel in hellen oder kalten Tönen, wie Weiß und Grau, kontrastieren schön mit einer roten oder zartblauen Wand. Keine Angst vor kräftigen Farben! Sie sorgt für Harmonie, unter der sich alle Stile vereinen.

Ein wichtiger Faktor ist die Beleuchtung. Ideal ist eine indirekte Beleuchtung mit mehreren Lichtquellen, denn grelles Licht vernichtet die Atmosphäre. Auch stilistisch aufeinander abgestimmte Kissen- und Vorhangstoffe lassen die Verschiedenheit der Möbel zurücktreten. Der Eindruck einer harmonischen Raumgestaltung wird auf diese Weise vorrangig von den Accessoires getragen.

In dieser Küche einer Stadtwohnung setzen ein Bauerntisch, Bistrostühle, Buchstaben und Zahlen aus Zinkblech sowie zwei alte Straßenbahn-Lenkräder stilistische Akzente.

Die unterschiedlichen Esstischstühle sind in derselben Farbe gestrichen. Eine Hängelampe im Fabrikstil, ausgestopfte Vögel und Emailschilder fügen sich zu einem homogenen Miteinander.

ANTIKES IN DER STADTWOHNUNG

Mobiliar vom Trödel erwartet man eher auf dem Land, doch in der Stadt wirkt es geradezu Wunder. Kleine Wohnungen lassen sich neu in Szene setzen und dekorieren. Ein antiker Sessel, ein Wandspiegel mit den Spuren der Zeit, verschiedene alte Gläser auf dem Tisch – mit diesen einfachen Mitteln erhält auch das gewöhnlichste Apartment Charme und Authentizität.

Ein in Grautönen gestrichenes Küchenbüffet mit Fliegendraht harmonisiert perfekt mit den strengen Formen ultramoderner Haushaltsgeräte aus Edelstahl. Werkstatthocker oder Eckschränke aus Metall im Fabrikstil verjüngen das klassische Interieur einer Gründerzeit-Wohnung radikal.

Versuchen Sie, die Wachsschicht eines alten, patinierten Parkettbodens zu erhalten.

In Natur-, Grau- und Beigetönen gestrichene Wände treten in den Hintergrund und bringen die Persönlichkeit alter Möbel stärker zur Geltung. Auch lassen sie gewagte Stilmischungen zu, zum Beispiel eine afrikanische Maske neben einem Bild im Goldrahmen oder ein Postsortierschränkchen mit religiösen Statuetten …

Soll die Vintage-Karte ausgespielt werden, wählt man lebhafte Farben, aber nur für eine Wand oder maximal zwei Wände.

Indirektes Licht erzeugt eine intime Atmosphäre, und Leinenvorhänge, die die Fenster rahmen, lassen den Lärm der Stadt und die Hektik der Straße schnell vergessen!

Neuauflagen von Clubsesseln harmonieren mit einem Tisch im Fabrikdesign, einem über die Jahre blind gewordenen Spiegel und einer echten Arco-Stehleuchte.

Eine alte Notarpresse wird zum dekorativen Stück.

Dieser Tisch mit Metallgestell und einer Platte aus ehemaligen Stahlbrettern ist von sechs alten Caféstühlen umgeben.

AUS EUROPA UND ÜBERSEE

Regionale Volkskunst

Die Seele des französischen Nordens und Ostens

Wasserkrüge, Ölbehälter, Weinkaraffen, Schmalztöpfe, Kuchenformen ... Bestandteile eines verschwundenen Alltags tauchen mit diesen alten Töpferwaren wieder auf. Im Elsass heißen sie nach ihrem Entstehungsort Soufflenheim. Dieser Ort besitzt eine lange handwerkliche Tradition, und bis heute ist er das wichtigste Produktionszentrum der Region. Es sind schöne Einzelstücke, die sich in der Küche ausstellen lassen. Typisch sind die Grundierungen in zahlreichen Schwarz-, Ocker- und Rotnuancen. Manch einer ist auf der Suche nach einfachen neuen Motiven wie Herzen oder Margeriten. Nichts spricht dagegen, das Geschirr auch zu benutzen: Teller wie Backformen eignen sich für Ofen und Tisch. Vorsicht ist jedoch geboten: Sie stoßen sich leicht ab und büßen dann die Hälfte ihres Werts ein. „Terrinen" – so nennt man Töpfe, in denen Fleisch gegart und aufbewahrt wird – besitzen immer einen Deckel, manchmal in Hasen- oder Wildschweinform.

Traditionelle Leinenwaren, das berühmte „Kelsch-Leinen" (ein Leinen-Baumwoll-Gemisch mit hübschen Mustern), eignen sich für alle Zwecke: als Tischdecken und Servietten, Kissenbezüge oder Bettüberwürfe im Kinderzimmer. Früher wählten die besonders entsagungsvollen Protestanten blaue Karos,

Dieses seltene Stück, ein bunt bemalter Wassereimer aus dem Osten Frankreichs, stammt aus dem 18. Jahrhundert.

Glasierte elsässische Keramikkrüge und eine österliche Backform in Gestalt eines Lamms, hier auf Kelsch-Leinen.

Elsässische Terrinen und Platten, mit traditionellen Mustern verziert.

Dieses bemalte Holzbett aus Osteuropa hat schon zahlreiche Besitzer gehabt. Seine Herkunft und Geschichte sind heute ein Geheimnis.

wohingegen sich die Katholiken sogar an Rot wagten! Heute ist glücklicherweise alles erlaubt.
Die Farbpalette bei den Möbeln ist weitaus größer. Truhen, Schränke oder Betten, verziert mit Herzen, Blumen, Blättern oder Vögeln auf gelbem, grünem oder dunkelblauem Grund, finden häufig einen Platz in Kinderzimmern.
Je weiter nördlich man kommt, desto zurückhaltender wird die Farbgebung. Stühle, kleine Anrichten und Holztäfelungen aller Art deklinieren unendlich viele Grautöne. Sie sind elegant, von großer Raffinesse. Zünden Sie Kerzen an, holen Sie Ihre Leinentischdecken hervor, komponieren Sie einen Blumenstrauß in Weiß … einfach bezaubernd!

Das Temperament des Südens

Die Zeit, als man echte provenzalische Möbel entdecken konnte – traditionelle Flechtstühle oder Bänke –, gehört längst der Vergangenheit an. Aufgrund der großen Nachfrage in den letzten fünf Jahrzehnten sind sie heute über die ganze Welt verstreut, vor allem in den USA. Die letzten Stücke kann man zu Höchstpreisen bei Antiquitätenhändlern erstehen, doch oft muss man sich mit Imitaten zufriedengeben ... oder sich auf sein Glück verlassen.
Dafür findet man immer noch Kleinmöbel mit Drahtgeflecht und niedrige Anrichten, die einst als Vorrats- oder Wäscheschränke genutzt wurden; auch in einem modernen Haushalt lassen sie sich in ihrer ursprünglichen Funktion wieder verwenden. Ein passend gestrichener, großer rustikaler Tisch mit Flechtstühlen vervollständigt die Einrichtung.
Auch traditionelle Objekte, die es in größerer Auswahl gibt, verströmen das Temperament des Südens. Gelb oder grün glasierte Keramikgefäße, in denen man eingelegtes Fleisch aufbewahrte und die heute oft als Salatschüsseln dienen, Korbwaren, Holzschalen, Buttergefäße – sie verleihen einem modernen Interieur südliches Flair.
In der Gegend von Grasse, der geschichtsträchtigen Hauptstadt des Parfüms, kann man alte Flakons entdecken, die sich zu schönen Sammlungen zusammenstellen lassen oder als improvisierte Vasen eignen. Dort lassen sich auch solch unerwartete Funde machen wie Zinkstiefel, die die Arbeiter bei der Lavendelernte vor Schlangenbissen schützen sollten.

Provenzalische Auflaufformen, Terrakottakrüge und ein Erntekorb auf einer patinierten Konsole.

Sonnengelb leuchtet dieser traditionelle Einmachtopf, der aus dem Südwesten Frankreichs stammt.

Typisch Provence: der Strohstuhl. Es gibt allerdings viele Kopien auf dem Markt!

Eine weitere wertvolle Entdeckung sind Spitzen, mit denen man Gardinen, Vorhänge oder Kissenbezüge verzieren kann.

Im Süden Frankreichs ist das Töpfern eine alte Handwerkskunst, und wenn man einen Abstecher zu einem Flohmarkt oder einem Trödler macht, hat man vielleicht das Glück, alte Vasen aus Anduze oder schöne Faencen aus Vallauris zu finden, deren Charme jede Einrichtung bereichert. Eine große Vase aus Anduze ist ein kunstvolles, dekoratives Einzelstück, das sich wie eine Skulptur zur Schau stellen lässt – sofern man nicht Wäsche oder Holz darin aufbewahren möchte.

Tagesdecken und Quilts

▶ Lässt eine provenzalische Tagesdecke im indischen Stil Ihr Herz höher schlagen? Die wattierten und von Hand gesteppten Stoffe mit Blumenmotiven wurden einst in Indien bedruckt, bevor man sie auch in Marseille herstellte.

▶ Sie können einem schönen Trapunto-Quilt nicht widerstehen? Bei dieser Quilttechnik, die ursprünglich aus Italien stammt, besteht der Quilt aus zwei Stofflagen aus Baumwolle oder Leinen, die mit kleinen Stichen entlang der Muster zusammengenäht sind. Die Motive erhalten anschließend Plastizität, indem zwischen die beiden Stofflagen Füllmaterial aus Baumwolle eingeschoben wird. Der Preis für diese Präzisionsarbeit ist entsprechend.

▶ Auch bei Tagesdecken und Quilts gilt es, sich vor Kopien und Fälschungen (= maschinengenäht) zu hüten.

Jenseits der Meere ...

Man braucht nicht in Küstennähe oder auf einem Schiff zu leben, um seine Wohn(t)räume im maritimen Stil zu gestalten! Eine raffinierte Kreuzfahrt-Atmosphäre entsteht durch kleine Schreibtische aus lackiertem Holz, unverwüstliche Ledersessel und Schiffsmodelle. Flackernde Laternen vervollständigen das Dekor. Man beachte die genialen Details: Leisten, die Schreibtische am Rutschen hindern, Kommoden mit selbstblockierenden Schubladen, klappbare Sessel! Da diese Möbel für Schiffskabinen konzipiert wurden, sind sie oft recht klein. Ein weiterer Trumpf, der sie als Mobiliar für eine Wohnung qualifiziert!

Im Gästezimmer nimmt eine Sammlung von Navigationsinstrumenten wie Sextanten, Chronometern oder Kompassen die Inszenierung des Hauses als „Seestück" auf. Im Bad, auf gestrichener Wandtäfelung, nehmen alte Ruder, Treibholzstücke, Rettungsringe oder Muschelschalen die Fantasie mit auf Reisen. Vorsicht bei Trödlern in Küsten- und Hafenstädten: Hier sind die Preise für Schiffsmöbel und -objekte in der Regel am höchsten.

Mahagonimöbel sind zunehmend rar. Ihr Wert steigt, da die Abholzung heute in vielen Ländern, darunter Brasilien, untersagt ist. Es gibt auch Schiffsmöbel aus Ebenholz und Palisander, exotische Hölzer, die robust und wertvoll sind. Nicht zu vergessen die Koffer aus dem Holz des Kampferbaums mit seinem speziellen Geruch! Sein ätherisches Öl ist auf dem Meer äußerst nützlich ... aber auch zu Hause: Die Wäsche ist dort gut geschützt.

Schiffsmodell, Globus und maritime Objekte – genug, um zu Hause ein kleines Meeresmuseum einzurichten!

Marinestücke

▶ Auf Holz, Leinwand oder einfach auf Papier gemalt, sind „Marine-" oder „Seestücke" aller Genres ein sehr geläufiges Bildthema.

▶ Werke von offiziellen Marinemalern erkennt man an einem kleinen Anker neben der Signatur. Dazu gehören: Marin Marie, Albert Brénet und auch Étienne Blandin mit seinen berühmten Korsarenporträts.

▶ Öfter anzutreffen sind von Seefahrern selbst oder von Hobbymalern geschaffene Seestücke. Sie wirken manchmal etwas ungelenk, was aber zu ihrem Charme beiträgt.

▶ Besonders in einer Sammlung entfalten maritime Objekte ihren Reiz.

Navigationsinstrumente, in ihren Kassetten schadlos aufbewahrt, werden zu dekorativen Stücken.

Eine behagliche Ruhe strahlt dieser britisch anmutende Salon aus.

Silberne Kellen und Löffel unterschiedlicher Stile verleihen einem modernen Tisch Glanz.

Very British ...

Wir befinden uns im Königreich des Krimskrams, im Herzen eines Universums von nostalgischem Charme. Vasen, wertvolle Barbotine-Keramik und bemalte Statuetten mit Hundeköpfen sind Schätze, die in hübschen Vitrinen zur Schau gestellt werden. Dort kann man auch unzählige Silberteile präsentieren, ganze Besteckseets inklusive Zuckerzange, Austernbesteck und rundem Babylöffel ... und natürlich jene Einzelstücke aus feinem Porzellan – so fragil, dass man schnell versteht, warum kaum ein Service noch vollständig ist! Und welch ein Glück, genau die Teetasse zu finden, die zu jenen passt, die man schon hat!
Mit Blumenstoffen oder -tapeten im Stil von Laura Ashley bezogene Wände schaffen ein raffiniertes, kostbares Ambiente. Diese Ausstattung kommt in Landhäusern voll zur Geltung, verleiht aber auch dem Schlafzimmer einer Stadtwohnung ein gemütliches Boudoir-Flair.

Zu englischen Antiquitäten gehören auch alte Stiche jeder Größe. Jagdszenen bringen Stil in Treppenhaus oder Wohnzimmer, Porträts von Haustieren und humorvolle moralische Lektionen sorgen für Fantasie im Kinderzimmer.
Lassen Sie sich bei der Wahl der Möbel von Beistelltischen oder eleganten Anrichten verführen, aus Nussbaum, Ahornholz oder vom Holz des Zitronenbaums. Genießen Sie den maskulinen Charme der unvermeidlichen Chesterfield-Sessel aus dunkel gebeiztem Leder oder der Lloyd-Loom-Stühle mit ihrem dezent knarzenden Geflecht. Auf einer Reise in den Norden Frankreichs, nach Jersey oder Guernsey und natürlich England kann man all diese Schätze entdecken. Lassen Sie sich beim Flanieren durch Antiquitätengeschäfte von dieser typisch britischen, eleganten Nonchalance ergreifen ... eine der wichtigsten Eigenschaften eines guten Antiquitätensammlers!

Antikes Silber, raffiniertes Porzellan – in Kürze wird zum Tee geläutet ...

Ferne Länder

Wer exotische Länder liebt und gerne reist, der findet dort leicht Accessoires und kleine Möbel. Selbst wenn die Sachen nicht sehr alt sind, hat ihnen der tägliche Gebrauch eine unvergleichliche Patina verliehen.

Afrika, von Norden nach Süden

In Marokko war das Kunsthandwerk schon immer hoch entwickelt. Hiesige Geschäfte bieten u.a. ziselierte Metalltabletts, aus einem Stück Holz geschnitzte Obstschalen und niedrige Zedernholztische zum Kauf an. Diese Stücke sind in der Regel direkt aus den marokkanischen Souks importiert. Mit solchen Accessoires, alten Möbeln, Teppichen und handgefertigten Kissen lässt sich eine kleine Leseecke oder ein ganzes Wohnzimmer einrichten. Der Markt für afrikanische Antiquitäten ist inzwischen fast unzugänglich, und antike Masken wechseln ihre Besitzer zu Höchstpreisen. Man kann seinen Bedarf jedoch mit Objekten der Volkskunst oder kleinen Gebrauchsmöbeln decken, die im Hinblick auf Verarbeitung und Preis noch im Bereich des Trödels anzusiedeln sind. Masken, Holzteller, Messgefäße für Lebensmittel, Ketten oder Objekte aus bemaltem Blech tragen ihren Teil zu einem exotischen Ambiente bei. Für ein ungeübtes Auge ist es schwierig, alte Objekte von neuen Imitaten zu unterscheiden, aber auch hier ist es der Preis, der den Unterschied macht. Was zählt, ist die Begeisterung!

Geschwungene Laternen und eine Hamamschale sorgen in diesem Bad für exotische Stimmung.

Stilmix heißt die Devise bei dieser Zusammenstellung alter Stücke aus Schwarzafrika oder Marokko.

Ein Tisch mit einem alten Untergestell und Perlmutt-Inkrustationen, Tabletts aus Weißblech und ein Holzteller aus Mauretanien … die Exotik ist mit den Händen greifbar.

Temperamentvolles Asien

Kleine, handbemalte Truhen aus China, Indien oder der Mongolei, Erzeugnisse der jeweiligen Volkskunst, sind noch relativ leicht zu haben. Diese poetischen Objekte verleihen einem Interieur besonderen Charme. Jeden Tag entführen sie die Träumer unter uns auf eine imaginäre Reise.
Die Welt der indischen Seidenwaren und Saris wird lebendig, wenn Sie auf Flohmärkten stöbern, die Schemel, Küchenmöbel aus Metall mit Fächern für Teller, charmante kleine Vitrinen und Ähnliches zum Verkauf anbieten. Auch Gegenstände wie Rollhölzer zum Ausrollen von Fladenbrotteig oder Buttertöpfe aus Holz sind schöne und dekorative Accessoires.
Direkt aus den Jurten der Mongolei stammende Filzteppiche, Hochzeitstruhen, Kübel und Stühle in kräftigen, reinen Farben sind seit Kurzem in Frankreich auf dem Markt. Manche Händler haben sich darauf spezialisiert. Sie verkaufen sogar ganze Jurten, die man, sozusagen als Wohnzimmer im Freien, im Garten aufstellen kann, um dort Freunde zu bewirten. Das ist Exotik pur, Romantik im Handumdrehen!
Auch heimische Kunsthandwerker stellen schön gearbeitete Kopien her, die derartigen Antiquitäten täuschend ähnlich sind. Sie können, wenn der Preis akzeptabel ist, Exotik und den Hauch fremder Länder in unser Heim bringen und uns damit begeistern.

Eine Teekanne und Stiefel aus der Mongolei neben puristischen Körben, die sich leicht in eine modern eingerichtete Wohnung integrieren lassen.

Bestickte Gewebe und Leinenstoffe aus der Mongolei, hier begleitet von einem Ensemble alter Musikinstrumente.

TÉ
RRASSOL
OULOUSE
Christina
CAUDÉRA

LEIDENSCHAFTEN UND SAMMLUNGEN

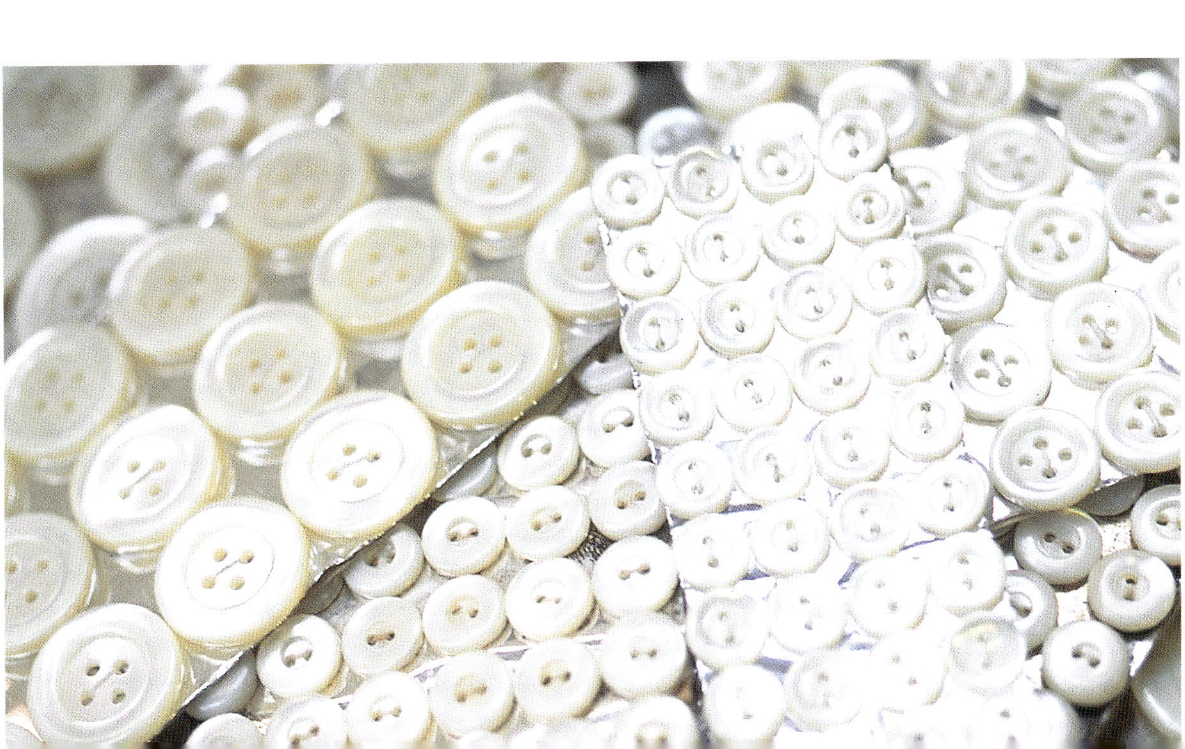

Sammlungen und Ansammlungen

Zunächst sollte man zwischen einer Sammlung und der reinen Ansammlung von Objekten unterscheiden. Der Sammler sucht ein ganz bestimmtes Objekt aufgrund seiner Seltenheit oder seiner Bedeutung. Er kennt den Markt und weiß, welches Stück im Wert steigt, sodass er es bei Bedarf gewinnbringend wieder verkaufen kann. Bei einer Ansammlung spielen derartige Kriterien keine Rolle, und mit dem Wert der erworbenen Stücke wird nicht spekuliert. Hier zählen ästhetisches Vergnügen und der dekorative Aspekt.
Emailschilder, Gießkannen, Porzellanfiguren, Siphons, Postkarten ... alles kann Gegenstand einer Sammlung werden. Ihr Wert wird in entsprechenden Magazinen publiziert, und oft werden thematisch spezialisierte Tauschbörsen organisiert.

Sammler können im Internet Spezialverkäufe recherchieren und Seiten von Clubs aufsuchen, auf denen man sich austauscht. Sucht man Stücke für mehrere Sammlungen, empfiehlt es sich, öfter die Tour durch mehrere Antiquitätenhandlungen zu machen. Man sollte sich dabei jeweils nur auf eine Art von Objekt konzentrieren. Das Auge ist erfolgreicher, weil es selektiver sucht!

Der dekorative Effekt

Eine Ansammlung ähnlicher Objekte ist ein unwiderstehlicher Blickfang. Die Objekte können in Draht- oder Glasschränken, Werkstattmöbeln oder in alten Bücherregalen präsentiert werden. Möchte man den Wert der Objekte unterstreichen, bringt man sie am besten in einem Möbelstück unter, das zum Thema der Sammlung Bezug hat: So können auf einem Pflanztisch alte Gartengeräte, in einem Gewürzschrank Serien von Gewürzdosen gesammelt werden. Küche und Esszimmer bieten sich zum Ausstellen alter Teller, Emailtöpfe, Kaffee- oder Teekannen an.
Wohnzimmer und Bibliothek beherbergen Bücher-, Bilder-, Uhren-, Waffen- oder Münzsammlungen. Emailschilder finden ihren Platz im Eingangsbereich. Alte Spielzeuge oder empfindliche Textilien vervollständigen die Dekoration der Schlafzimmer.

Alte Spielzeuge, altmodische Bilder und Heimtextilien erzeugen die Atmosphäre eines sehr femininen Kuriositätenkabinetts von fast kindlicher Leichtigkeit.

La Rose est odorante
épine est très piquante

Kuriositäten

Im 16. Jahrhundert, im Zuge der großen Entdeckungsreisen und des Aufschwungs der Wissenschaften, kamen die Kuriositätenkabinette auf. Hier fanden die unterschiedlichsten, seltensten und fremdartigsten Objekte zusammen, seien sie aus dem Reich der Tiere, Pflanzen, Mineralien oder auch von Menschenhand geschaffen. Man sammelte Schädel und Knochen, Muscheln und Korallen, Reptilien und unbekannte Tierarten, die in mit Formalin oder Alkohol gefüllten Glasbehältern konserviert wurden.

Nach der Entdeckung der Neuen Welt sammelten gebildete Amateure noch ausgefallenere Kuriositäten, die Forscher und Reisende in ihre Heimat mitbrachten. Insekten oder Pflanzen aus fernen Ländern erfreuten sich ebenfalls großer Nachfrage. Diese Tradition hat sich über die Jahrhunderte erhalten und zu einem dekorativen Trend entwickelt.

So kann man heute noch Bestandteile verstreuter Sammlungen und ungewöhnliche Objekte entdecken: Exotische Insekten oder ausgestopfte Tiere nehmen in heutigen Kabinetten einen Ehrenplatz ein. Auch alte Bücher über Biologie oder Naturwissenschaften sind gefragt, ebenso religiöse Skulpturen aus Holz und Reliquien.

Wem die Idee zusagt, der kann damit beginnen, seine „Kuriositäten" in einem kleinen Schrank mit Drahtgitter oder Glastür oder auch unter Glasglocken oder antiken Glasgefäßen zu präsentieren, vorzugsweise in einer Bibliothek oder einem Büro. Wächst die Sammlung schnell, benötigt sie vielleicht einen eigenen kleinen Raum: Die Wirkung ist überwältigend.

Doch sollte man sich bewusst sein, dass manch ein Besucher Anstoß nehmen könnte, besonders, wenn zur Sammlung Schädel oder tote Tiere gehören …

Derartige Kuriositäten sagen eher Männern zu, vielleicht, weil sie diese Fundstücke mit abenteuerlichen Entdeckungsreisen assoziieren. In Räumen oder Möbeln mit dunkeltonigen Innenwänden (grau, braun, ziegelrot) kommen die Exponate am besten zur Geltung. Leuchtet man die Hauptstücke der Sammlung direkt an, während andere Objekte im Halbschatten bleiben, erzielt man einen äußerst theatralischen Effekt!

In diesem ländlichen Wohnhaus sammelt ein Antiquitätenhändler, der sich für Kuriositätenkabinette begeistert, Schätze aus der Natur, wie diese Korallen.

Verschiedene Vogelarten sind in dieser Vitrine ausgestellt. Bewacht wird sie von einer Kinder-Schneiderpuppe mit zeitgenössischer Jacke.

Statuen aus Gips oder Holz, Stiche und religiöse Drucke bilden ein hübsches Dekor in einem Haus auf dem Land oder bringen einen Hauch von Ruhe und Spiritualität in eine Wohnung.

Ungewöhnlich: Religiöse Objekte als Dekoration

Die katholische Religion hat, in Kombination mit einer langen Wallfahrtstradition, einen reichen Schatz an volkstümlichen Devotionalien hervorgebracht. Man sollte allerdings nicht so weit gehen, einen ganzen Raum damit auszustatten, doch in einer ausgewogenen Kombination mit anderen Elementen verleihen sie einem Interieur eine außergewöhnliche Atmosphäre.

Bunt bemalte Gipsstatuetten, die schon fast als kitschig gelten könnten – aber genau aus diesem Grund beliebt sind –, büßen ihre spirituelle Konnotation ein, wenn sie formlos auf Kamine und Konsolen platziert werden. Sie stellen meist zentrale religiöse Figuren dar: Maria, Josef, das Jesuskind, Engel in allen Varianten und Heilige.

Haben Altarkerzenständer, Gipsstelen, Kruzifixe und Kreuzwege die Kirchen und Sakristeien verlassen, können sie an den ungewöhnlichsten Orten eine neue Heimat finden. Porträts, Rednerpulte, Betstühle und andere kleine Möbel, die vormals Presbyterien und Sakristeien zierten, erzählen einzigartige Geschichten. Tauf- oder Kommunionsurkunden, Drucke von biblischen Szenen oder religiöse Stiche an den Wänden sind eine passende Ergänzung dieser Einrichtungsgegenstände. Derartige Stücke findet man häufig beim Trödler, ebenso Rosenkränze in jeder Preisklasse, neuere aus Plastik, die ältesten aus wertvollem Holz, Elfenbein oder Perlen, die wahre Schmuckstücke sind.

Nicht in diese Kategorie gehören Statuen aus bemaltem Holz, Reliquien, Bronzen oder andere Kunstobjekte, die aus der Zeit vor dem 18. Jahrhundert stammen: Sie sind selten, teuer und interessieren vor allem begüterte Sammler und Liebhaber von Antiquitäten.

Was große Kinder glücklich macht

Auf der alten Schulbank genießt das Puppengeschirr aus Porzellan oder Blech dauerhaftes Bleiberecht; im leeren Tintenfaß werden Malstifte oder Lutscher aufbewahrt, während die großen illustrierten Tafeln mit Alphabet oder Bauernhoftieren aus dem Klassenzimmer ins Kinderzimmer wandern.
Aus diesem Universum der Kindheit findet der alte Mohairteddy mit abgeriebenem Fell oder das Schaukelpferd ohne Schweif schließlich bei den Eltern ein Refugium und wird vom Spielzeug zum dekorativen Accessoire. Handbemalte Spieldosen und Puppen im Unterrock, vorsichtig auf unzugänglichen Regalbrettern platziert, werden nur noch mit den Augen gestreift. Denn der Wert alter Spielzeuge steigt kontinuierlich: Steifftieren, Holzspielzeug von Dejou, Modellautos von Dinky Toys, Tierfiguren von Vilac sind zahlreiche Sammler auf der Spur. Bei Trödlern findet man noch schöne Objekte, die Kinder geben hier das „alte Zeug“ ab, das sie in den Spielzeugkisten ihrer Eltern gefunden haben … Hier ein kleiner Traktor mitten in einer Kiste mit Modellautos Marke „Made in China“, dort Großmutters Kricketspiel neben einem alten Paar Rollschuhe. Achtung: Die Originalverpackungen sind in den meisten Fällen verschwunden, doch sie tragen zur Wertigkeit des Objekts bei und lassen seinen Preis in die Höhe schnellen.

Ein altes Kasperletheater und Vinyltiere aus den 1960er-Jahren bilden ein fröhliches Dekor.

Der alte Kickertisch bereitet
den Kindern Freude … und
ihren Eltern auch.

Diese Schaukelpferde, deren Leder- oder Fellbezug entfernt wurde, sind nun wahre Skulpturen.

► Ein solches Gespann aus der Auvergne, um 1940 von Dejou, ist heute ein gesuchtes Objekt.

Küchenmöbel oder Miniatur-Toilettentische lassen sich zu Nachttischchen für Mädchenzimmer umfunktionieren, ein Puppenschrank zu einem Gewürz- oder Apothekenschränkchen. Die Dinge aus der Kindheit sind heute beim Trödler auch so begehrt, weil die Erinnerungen an die eigene Kindheit mit starken Emotionen verbunden sind. Sie soll mit ein paar alten Spielzeugen wieder lebendig werden.

Ein kleiner Kaufmannsladen wird nach Jahrzehnten auf dem Speicher erneut in Betrieb genommen.

Die Spielzeuge von Dejou

- Sie wurden von 1937 bis 1985 im französischen Departement Cantal hergestellt und sind heute sehr begehrt. Die nüchternen, robusten Holzspielsachen sind 30 bis 60 cm groß und einfach zu erkennen. Gefertigt wurden alle Arten von Automobilen und Anhängern – Traktoren, Laster, Züge, Kräne und Pflüge sowie Puppenmöbel.

- Die Spielzeuge, die ihre Vorbilder detailgetreu nachbildeten, wurden meist in Einzelteilen geliefert und mussten selbst zusammengeschraubt werden. In den 1960er- und 1970er-Jahren kamen Metallelemente hinzu.

- Als Dekor setzen die Spielzeuge heute etwa in Bücherregalen besondere Akzente.

FREILUFTSPORT

Die Geschichte des 20. Jahrhunderts ist auch die des wieder zu Ehren gekommenen Sports. Als 1896 die ersten Olympischen Spiele der Neuzeit stattfanden, hatte dies ungeahnte Auswirkungen auf die Entwicklung des Hochleistungs- und des Breitensports.

In der Folge erschienen auf dem Markt Bälle, Schläger und Matten. Diese Sportgeräte, die aus dem besten Leder und Holz hergestellt wurden, sind heute wertvolle Sammlerstücke. An spezialisierten Verkaufsständen können Sportbegeisterte heute Fußbälle oder Boxhandschuhe aus braunem Leder entdecken, nach Gusto gewachst oder patiniert. Reizvoll sind auch hochwertige Bodenmatten, ebenfalls aus Leder, die aufeinandergestapelt als Sitzgelegenheit oder Gästebetten genutzt werden können. Viele dieser Dinge stammen aus der ehemaligen DDR oder aus anderen osteuropäischen Ländern. Boule-Kugeln aus Holz oder Blei, Tennisschläger oder Kricketbälle (besonders in England) sorgen in einem von alten Büchern, Ledersesseln und einem Kaminfeuer geprägten Ambiente für eine behagliche Stimmung. Jene Jahre sind auch die große Zeit der Ausflugslokale und der Freiluftspiele. Davon zeugen Gartenspiele wie zum Beispiel Krocket. Auch Picknicke gehören hierher, für die speziell eingerichtete Koffer und Körbe einander an Raffinesse zu übertreffen versuchten. Manche sind mit Stoff ausgekleidet, sehr gepflegt und wohldurchdacht. Alle diese Koffer besitzen Lederschlaufen, mit denen Teller aus Porzellan oder Email, Besteck, Gläser und Salzstreuer fixiert werden ... Auf geht's, zu einem exklusiven Frühstück im Grünen!

Lederbälle, Baseball-Handschuhe, Tennisschläger ... all diese Objekte haben im Lauf der Jahre eine schöne Patina erhalten.

Direkt aus England kommt dieser Koffer, bereit für ein Picknick im Grünen.

Ein alter Spind lässt sich in einen sehr maskulinen Kleiderschrank verwandeln.

Die Kunst des Skifahrens

Auch der Alpinsport ist gefragt. Skier aus Holz und Wanderstöcke aus Metall scheinen so viele Geschichten von Abenteuer und Freundschaft zu erzählen! Holen Sie sie vom Dachboden und dekorieren Sie damit die Wände einer Berghütte oder eines Landhauses. Verwandeln Sie ausgediente Schlitten mit einer Decken- oder Kissenauflage in originelle Sitzgelegenheiten. Stellen Sie in thematisch gestalteten Vitrinen Medaillen und Trophäen aus, oder getrocknetes Edelweiß, Model mit Tierspuren etc.

Reklameschilder

In den Anfängen der Werbung waren an den Hauswänden in Städten und Dörfern Emailschilder angebracht, die Alkoholika, Schokoladen oder Motorenöl anpriesen. Ihre originelle Grafik und ihre elegante Typographie begründen den Erfolg dieser bunten Trophäen, deren Preis kontinuierlich steigt.

Die Ruhmesstunde der „echten" Schilder geht auf die 1920er- bis 1930er-Jahre zurück. Die Fabrikanten jener Zeit waren findig, wenn es darum ging, ihre Werbeschilder gut zu positionieren. So existieren neben einfachen Werbeschildern auch solche mit Barometern, Thermometern usw. Oft tragen sie sichtbare Spuren, verursacht durch die Unbilden des Wetters oder durch ihre Montage. Sie sind heute als Wandschmuck und als Zeugen einer vergangenen Zeit jedoch ebenso gesucht wie alte Bilder.

Eine beeindruckende Sammlung von Hausnummern und Emailschildern schmückt diesen Treppenabsatz.

Selbst wenn man glaubt, ein originales Reklameschild von einer modernen Imitation unterscheiden zu können, sollte man genau hinsehen. Die Originale sind meist aufgrund der Hitzeeinwirkung während des Emaillierens leicht gewölbt: Jede Farbe wurde nämlich einzeln aufgetragen und im Ofen gebrannt. Auch andere Objekte, auf denen Werbung prangte, werden gesammelt: allen voran Gläser, Karaffen und Aschenbecher. Eine dritte Kategorie von Werbeträgern sind rein dekorative Werbeobjekte wie das berühmte Michelin-Männchen.

► Diese Ziffern über dem Bett zeigten ursprünglich den Spielstand beim Sportwettkämpfen an.

9
1
7
403

PRAKTISCHES

WO FINDET MAN ANTIQUITÄTEN?

Es gibt viele Möglichkeiten, alte und antike Möbelstücke ausfindig zu machen, vom systematischen Durchstöbern der in Vergessenheit geratenen Speicher unserer Großeltern bis zum Kauf in erlesenen Geschäften.

► ANTIQUITÄTEN- UND FLOHMÄRKTE

Flohmärkte erfreuen sich auch in unseren Nachbarländern Frankreich, Belgien, Österreich und Italien eines enormen Zuspruchs. Professionelle Antiquitätenhändler und semiprofessionelle Verkäufer bieten hier kleine und große Schätze an. Auf den Märkten, die nicht auf ein Thema spezialisiert sind, findet man alles, vom alten Bauerntisch bis zur Wiege. Echte Antiquitäten und ein fröhliches Durcheinander aus Kitsch und Kinderspielzeug geben sich hier ein Stelldichein. Man sollte wissen, dass diese Märkte oft schon um 6 Uhr morgens beginnen, manchmal sogar noch früher, wenn große Stücke aufgebaut werden. In Amiens

Expertisen für Antiquitäten

Bevor man Antiquitäten kauft, sollte man sich ihrer Echtheit versichern. Liegt dem Händler keine Expertise vor, kann man selbst eine bei einem vereidigten Sachverständigen für Antiquitäten in Auftrag geben. Adressen gibt es bei der örtlichen IHK oder über den BVK*. Die Expertise sollte auf Stundenbasis abgerechnet werden und nicht nach einem Prozentsatz des begutachteten Stücks, auf Papier vorliegen, ein sichtbares Datum, den Namen, eventuellen Titel und die Adresse des Sachverständigen tragen und nicht älter als zehn Jahre sein. Eine Farbabbildung, die untrennbar mit dem Text verbunden ist, eine exakte Zustandsbeschreibung des Gegenstands inklusive eines Verzeichnisses durchgeführter Reparaturen/Restaurierungen, eine möglichst genaue zeitliche und regionale Einordnung bezeugen seine Echtheit. Eine Wertangabe ist nicht unbedingt Bestandteil einer Expertise.

**BVK – Bundesverband öffentlich bestellter und vereidigter Kunstsachverständiger sowie qualifizierter Kunstsachverständiger e.V.: www.bv-kunstsachverstaendiger.de*

oder Lille treffen die Aussteller ab 3 Uhr morgens ein, um sich ihren Platz zu reservieren und ihre Verkaufsstücke aufzubauen. Zu diesem Zeitpunkt kann man die besten Geschäfte machen, denn die schönsten Objekte sind schnell weg. Manch ein Objekt hat schon einen Käufer gefunden, noch bevor es den Kofferraum des Autos oder Transporters des Händlers verlassen hat.
Also: Wenn Sie motiviert sind, müssen Sie früh aufstehen, um zu kaufen oder zu verkaufen!
Die Frühstückspause gibt hingegen manchmal Gelegenheit, von überraschend erneuerten Warenbeständen zu profitieren. Und am Abend senkt manch ein Händler lieber hier oder dort den Preis, als die Ware wieder einpacken zu müssen …
Auf Flohmärkten, die alle Arten von Waren anbieten, braucht man ein aufmerksames Auge: Oft herrscht solch ein Chaos, dass man die besten Stücke übersieht! Ein Tipp, wenn Sie verschiedene Objekte suchen: Machen Sie mehrmals die Runde über den Markt, jedes Mal mit einem anderen Ziel.
Manche Flohmärkte sind so groß, es sind so viele Händler anwesend, dass es fast einen Tag dauert, bis man alle Stände passiert hat; doch keine Angst, in der Regel kann man sich vor Ort verköstigen und wieder Kräfte schöpfen!
Wenn Sie als Verkäufer an solchen Märkten teilnehmen möchten, erkundigen Sie sich bei der Stadtverwaltung oder bei den Organisatoren nach den Terminen bzw. Konditionen. Meist zahlt man einen bestimmten Preis je Meter, den man entlang der Straße für seinen Verkaufsstand beansprucht. Die kleineren Märkte sind in der Regel günstiger als die großen, bekannten, die ein großes Publikum anlocken.

Termine

Erkundigen kann man sich bei der Stadtverwaltung, um die Termine von Antik- und Trödelmärkten zu erfahren. Die Veranstaltungstage der Märkte in den Städten und umliegenden Dörfern werden regelmäßig in den Lokalzeitungen sowie in spezialisierten Zeitschriften (zum Beispiel das Magazin „Trödler“) und auf Internetseiten (Städteportale) bekannt gegeben. Termine für größere Märkte sind oft auch plakatiert.

Hier einige Webadressen, bei denen man Floh- und Antiquitätenmärkte nach geografischer Region suchen kann:

www.marktcom.de (Portal für Flohmärkte in ganz Deutschland)
www.markt.de
www.flohmarkt-termine.net
www.flohmarkt.de
www.gemiverlag.de/termine.php

▶ HÄNDLER UND TRÖDLER MIT CHARME

Ihre Zahl schwindet, doch in Städten mit viel Tourismus gibt es sie noch: kleine, verwunschene Läden mit Möbeln, Geschirr, Nippes und alten Rahmen ... Sie lassen das Herz der Schaufensterbummler und Hobby-Antiquitätenjäger höher schlagen.

Des Weiteren gibt es auch ganze Orte oder Stadtviertel, in denen man eine hohe Konzentration von Antiquitätenhändlern antrifft. Ein Beispiel hierfür ist der französische Ort L`Isle-sur-la-Sorgue in der Nähe von Avignon, die europäische Hauptstadt der Antiquitäten. Über 400 Händler aller Größen und Spezialisierungen haben sich in mehreren „Dörfern" niedergelassen. Manche sind auf hochpreisige Antiquitäten spezialisiert, die für den Export bestimmt sind, andere haben all die Dinge im Angebot, die man bei einem Trödler zu finden hofft.

Auch in mehreren Vierteln von Paris findet man zahlreiche Antiquitätenhändler und Trödler, allen voran auf den Flohmärkten Saint-Ouen oder Porte de Vanves. Jedes Wochenende erwachen hier die Märkte von Freitag bis Sonntag zum Leben und ziehen zahlreiche Besucher an. Der Flohmarkt von Saint-Ouen ist mit 7 Hektar und 2500 Ständen wohl der größte Antiquitätenmarkt der Welt. Manche Stände ähneln in Einrichtung und technischer Ausstattung schon richtigen Geschäften. Zögern Sie dennoch nicht, über einen Preis zu verhandeln.

Einer der größten Flohmärkte in Deutschland ist der Trödelmarkt im Bonner Rheinauenpark, der von April bis Oktober an jedem dritten Samstag im Monat stattfindet und Tausende von Besuchern in die Parkanlagen zieht. Tipps für weitere lohnenswerte Flohmärkte finden Sie auf den Seiten 88–92.

▶ LAGERVERKÄUFE

In vielen Städten kann man Möbel und Second-Hand-Objekte in Lagerverkäufen kaufen oder verkaufen.
Das Prinzip des Verkaufens ist einfach: Sie bringen das Möbelstück, das Sie zum Kauf anbieten möchten, zum Händler und legen mit ihm einen Preis fest, von dem dieser eine Kommissionsgebühr oder einen prozentualen Anteil erhält. Wenn das Stück nach zwei Monaten nicht verkauft ist, wird der Preis in der Regel entsprechend einem im Voraus festgelegten Prozentsatz gesenkt.
Lassen Sie sich die allgemeinen Verkaufsbedingungen erklären. Diese sollten die Staffelung und das Inkrafttreten von Preisnachlässen regeln, und verlangen Sie vom Händler einen Beleg für Ihre Möbel. Diesen legen Sie dann wieder vor, wenn Sie kommen, um Ihre Einnahmen abzuholen.
Für Sie als Käufer gibt es nichts Besonderes zu beachten, mit Ausnahme vielleicht, dass es bei diesen Verkäufen in der Regel nicht üblich ist, über die Preise zu verhandeln. Versuchen Sie dennoch Ihr Glück!

▶ BUCHTIPPS ZUM THEMA FLOHMARKT

Heidrun Th. Grigoleit:
Die 100 schönsten Flohmärkte Europas mit Reiseführer.

Der Flohmarktführer macht richtig Lust auf eine „Trödeltour" quer durch Europa. Mit Marktbeschreibungen, Anfahrtwegen, Terminen sowie Reisetipps.

Gabriele Jöck:
Flohmarktführer. Tipps und Tricks für Sammler, Schatzsucher und Schnäppchenjäger.

Sebastian Münz:
Das schlaue Buch vom Flohmarkt: Was der Profi alles weiß.

Informative wie unterhaltsame Flohmarktratgeber für Anfänger und Profis!

▶ AUKTIONEN

Die Vorgehensweise einer Auktion kann für Nicht-Eingeweihte verwirrend sein, aber die Entdeckung dieser Welt ist aufregend, und ist man einmal mit dem Ablauf einer Auktion vertraut, riskiert man, süchtig danach zu werden!

Erkundigen Sie sich zunächst, wann die Verkäufe stattfinden, und um welche Art von Auktion es sich handelt. Diese können von Einzelpersonen oder von Profis organisiert sein, die einen Besitz von mehr oder weniger hohem Wert ganz oder teilweise veräußern möchten. Allein der Auktionator ist befugt, einen solchen aus freien Stücken stattfindenden Verkauf durchzuführen, im Gegensatz zur Zwangsversteigerung, die auf eine Liquidation folgt. Auch Zwangsversteigerungen finden regelmäßig statt, manche sind auf bestimmte Waren oder Güter spezialisiert. Die Veranstaltungstermine können Sie über das Internet oder aus der Lokalpresse in Erfahrung bringen.

Finden Sie sich vor dem Verkaufstag ein, um die angebotenen Objekte zu begutachten: Oft werden diese mehrere Tage zuvor ausgestellt. Hat der Verkauf erst einmal stattgefunden, geht die Sache zügig voran, und man ist besser gut vorbereitet.

Möchten Sie einen bestimmten Gegenstand unbedingt erwerben, können Sie einen unterzeichneten Scheck beim Auktionator deponieren. Im Austausch erhalten Sie eine Nummer, unter der Sie Ihre Angebote abgeben und Ihre Käufe sammeln, um sie am Schluss auf einmal zu begleichen. Bedenken Sie, dass Sie zusätzlich zum Kaufpreis eine Kommission und Gebühren bezahlen müssen, die sich auf etwa 20 % des Kaufpreises belaufen. Leidenschaftliche Antiquitätensammler aufgepasst, Gänsehaut garantiert: Wenn die Auktion beginnt, beschleunigt sich der Puls, die Temperatur steigt im Rhythmus der Zuschläge, und selbst für diejenigen, die nicht die Absicht haben, etwas zu kaufen, ist das Schauspiel interessant.

▶ NACHLASSVERKÄUFE

Werthaltige Nachlässe werden manchmal über spezialisierte Auktionshäuser versteigert. Hier kann man seltene Möbel, Bilder, Kunstwerke, Autos bis hin zu Immobilien erstehen. Neben Privatnachlässen kommen gelegentlich auch Gegenstände oder komplette Inventare aus stillgelegten Betrieben bzw. Firmen unter den Hammer. Wer sich auf Industriedesign spezialisiert, sollte sein Augenmerk auf Verkäufe älterer Firmen richten.
Nachlassverkäufe werden von Erben oder Nachlassverwaltern in Auftrag gegeben. Hat jemand keine Erben, so fällt sein Besitz an die Bundesrepublik Deutschland, die dann als Auftraggeber einer Nachlassversteigerung auftreten kann. Derartige Verkäufe werden in Tageszeitungen, in regionalen Kleinanzeigen oder im Internet bekannt gegeben. Einzelstücke werden auch über mehrere virtuelle Auktionshäuser im Internet zum Kauf angeboten.

▶ HAUSHALTSAUFLÖSUNGEN

Weniger wertvolle gebrauchte Einrichtungs- und Deko-Objekte werden von Privatleuten unter dem Stichwort Haushaltsauflösungen zum Kauf angeboten. Haushaltsauflösungen werden nicht nur im Erbfall durchgeführt, sondern auch bei Umzug, Trennung von Ehepartnern, Verlagerung des Arbeitsplatzes ins Ausland etc. Es sind also nicht unbedingt antike Möbel, die bei diesen Gelegenheiten zum Kauf angeboten werden. Meistens wird aber schon bei Bekanntgabe einer Haushaltsauflösung angegeben, welche Art Objekte zum Verkauf stehen. Besonders ältere Einrichtungen können ergiebige Fundstellen für interessante Möbel, Lampen, Bilder, Haushaltsgeräte usw. sein. Mit etwas Glück lassen sich zu guten Preisen originelle Stücke erwerben, die sich mit ein paar handwerklichen Tricks an den eigenen Stil anpassen lassen. Allerdings kann sich die Suche nach Stücken, die den eigenen Vorstellungen entsprechen, in diesem Umfeld auch recht mühsam gestalten.

▶ KARITATIVE EINRICHTUNGEN

Caritas

Sachspenden an die Caritas wie Kleider, Decken, Raritäten, Antikes, Möbel und Geschirr, unter denen sich auch immer wieder besondere Stücke finden, werden kostenlos an Bedürftige im In- und Ausland weitergegeben oder zu günstigen Preisen weiterverkauft.

In Deutschland und in der Schweiz unterhält die Caritas in zahlreichen Städten Möbel- und Hausratlager. Gelegentlich finden auch Verkaufsbörsen statt. Termine lassen sich beim örtlichen Caritas-Verband erfragen oder der Regionalpresse entnehmen.

Deutscher Caritasverband e. V.
Karlstraße 40
D-79104 Freiburg
Tel.: +49 761 20 00
www.caritas.de

Caritas Schweiz
Löwenstraße 3
CH-6002 Luzern
Tel.: +41 41 4 19 22 22
www.caritas.ch

In Österreich erfolgt das Sammeln und der Verkauf der Sachspenden über Caritas-Läden, die sogenannten Carlas. Die Adressen dieser Läden in ganz Österreich findet man im Internet unter www.caritas.at/hilfe-einrichtungen/caritas-laeden.

Arbeiterwohlfahrt

Manche Kreisverbände der Arbeiterwohlfahrt führen Gebrauchtmöbellager, in denen Möbelstücke aus Wohnungsauflösungen oder Entrümpelungen gesammelt und ggf. in hauseigenen Schreinereien aufgearbeitet werden. Dort kann man sie zu günstigen Preisen erstehen.

AWO Arbeiterwohlfahrt Bundesverband e. V.
Heinrich-Albertz-Haus
Blücherstraße 62/63
D-10961 Berlin
Tel.: +49 30 26 30 90
www.awo.org

Heilsarmee

In den deutschsprachigen Ländern betreibt die Heilsarmee vor allem in der Schweiz umfangreiche Verkaufsflächen, die sogenannten Brockis. Insgesamt gibt es über 20 Brockis in allen Kantonen. Dort werden Schmuck, Geschirr, Kleider, Bilder, Elektroartikel, Möbel, Bücher, CDs, Hausrat, Antikes und Raritäten etc. zum Kauf angeboten. Mehr Infos hierzu unter www.brocki.ch.

Heilsarmee Deutschland
Salierring 23–27
D-50677 Köln
Tel.: +49 221 20 81 90
www.heilsarmee.de

Heilsarmee Schweiz-Österreich-Ungarn
Laupenstraße 5
Postfach 6575
CH-3001 Bern
Tel.: +41 31 3 88 05 91
www.heilsarmee.ch

Flohmärkte in den Gemeinden

An kirchlichen Feiertagen und anlässlich von Gemeindefesten finden oft Flohmärkte statt. Erkundigen Sie sich direkt bei der Gemeinde oder im Pfarramt nach den Veranstaltungsterminen. Diese werden in der Regel auch in regionalen Zeitungen und in den Gemeindebüchereien bekannt gegeben.

► IM INTERNET NACH ANTIQUITÄTEN STÖBERN!

Dies ist eine etwas andere Art, Antiquitäten zu suchen. Man muss zwar auf das Vergnügen verzichten, an Verkaufsständen vorbeizuflanieren und Gegenstände, für die man sich interessiert, vor dem Kauf in die Hand zu nehmen … aber man kann bequem von zu Hause aus in entfernten Gegenden einkaufen – unter der Bedingung, dass man sich auf den Weg macht, um sperrige Stücke selbst abzuholen.
Die Internetauktionen von eBay haben sich in wenigen Jahren zu einer wahren Institution entwickelt, über die tagtäglich Tausende von Objekten, Möbeln und anderen Wertsachen ihre Besitzer wechseln. Das Prinzip dieser Internetauktion ist, Gegenstände in Echtzeit zu versteigern. Es ist auch möglich, im Voraus ein Kaufangebot und ein Maximalgebot abzugeben.

KAUFEN:

TIPPS, WIE SIE BESSER HANDELN

Antiquitäten zu sammeln setzt eine ganz bestimmte Einstellung, eine innere Haltung voraus. Wer nicht gern handelt, kauft in der Regel zu überhöhten Preisen.

▶ Zunächst sollte man sich Zeit lassen, nicht zu viel Enthusiasmus zeigen und das Gesicht verziehen, wenn der Verkäufer den Preis nennt! Ein wenig Schauspieltalent ist hier recht nützlich.

▶ Kritisieren Sie das Kaufobjekt nicht, das verärgert den Verkäufer. Bringen Sie aber ruhig Details zur Sprache, die den Preis senken könnten: ein fehlender Korken, ein unvollständiges Service, Scharten ...

▶ Sie können auch mit Hinweis auf Ihr maximales Budget oder auf den geschätzten Marktpreis des Gegenstands argumentieren. Bewahren Sie dabei immer ein Lächeln auf den Lippen, ein Händler macht Ihnen lieber Zugeständnisse, wenn Sie ihm sympathisch sind.

▶ Fragen Sie, welches der niedrigstmögliche Preis für den Artikel ist, und nennen Sie Ihr letztes Angebot. Zum Schluss ist der richtige Preis derjenige, der sowohl vom Käufer als auch vom Verkäufer akzeptiert wird.

▶ Bedenken Sie auch, dass auf kleinen Flohmärkten fernab der großen Städte weitaus niedrigere Preise verlangt werden als in den Touristenhochburgen. Suchen Sie deswegen „gegen den Strom" nach Antiquitäten: In den Badeorten werden maritime Objekte hoch gehandelt. Die Käufer reißen sie sich aus den Händen, um ihr Zuhause damit zu dekorieren; in alpinen Regionen sind hölzerne Skifahrer-Figürchen oder alte Rodelschlitten begehrte Sammlerobjekte.

VERKAUFEN:

WELCHE MÖGLICHKEITEN SIE HABEN

▶ WIE ENTRÜMPELUNGEN FUNKTIONIEREN

Möchten Sie das Haus Ihrer Urgroßtante entrümpeln, können Sie einen entsprechenden Service beauftragen.
Manche Entrümpelungen sind kostenpflichtig, wenn ein Speicher oder eine Wohnung voller Scheußlichkeiten ausgeräumt werden soll und ein Profi das Risiko auf sich nimmt, einen Großteil des Mobiliars ohne Wert zu übernehmen. Andere sind kostenfrei und erfolgen im Austausch gegen die überlassenen Gegenstände, wenn diese verkäuflich sind. Versuchen Sie in jedem Fall, Objekte oder Möbel von Wert an einen Trödler oder Antiquitätenhändler zu verkaufen, bevor Sie eine Entrümpelungsfirma beauftragen.
Gegenstände, die nicht verkäuflich, aber gleichwohl in gutem Zustand sind, kann man karitativen Einrichtungen überlassen.

▶ AN EINEN ANTIQUITÄTENHÄNDLER VERKAUFEN

Wenn Sie Möbel aus dem Familienbesitz oder wertvolle Antiquitäten verkaufen möchten, setzen Sie sich mit einem entsprechenden Händler in Verbindung.
Er wird Ihnen ein Kaufangebot machen, das seine Gewinnmarge beim Weiterverkauf des Gegenstands berücksichtigt. Wahrscheinlich bietet er Ihnen zunächst einen sehr niedrigen Preis an, um seine Marge zu erhöhen. Es ist nun an Ihnen, zu verhandeln. Holen Sie mehrere Konkurrenzangebote ein und einigen Sie sich dann mit dem Händler, der am meisten bietet. Natürlich können Sie für Ihre Gegenstände vor dem Verkauf eine Expertise erstellen lassen, aber diese kann recht teuer werden.
Ein professionell arbeitender Händler wird sich von Ihnen schriftlich bestätigen lassen, dass Sie ihm die Möbel bzw. Objekte verkauft haben und versichern, dass diese nicht gestohlen sind. Diese Angaben müssen Sie durch Ihre Personalausweis- oder Reisepassnummer ergänzen.

REINIGEN, RESTAURIEREN, PATINIEREN ...

Hinweis: Beim Umgang mit Chemikalien sind die üblichen Vorsichtsmaßnahmen zu beachten, dazu gehört das Tragen geeigneter Schutzkleidung (Schutzbrille, -handschuhe). Beim Umgang mit Handelsprodukten in jedem Fall die Angaben des Herstellers beachten.

▶ HOLZ

Um den Anstrich eines Möbelstücks abzubeizen, kann man ein Flüssigprodukt benutzen, oder man wendet ein thermisches Verfahren an, bei dem ein Gerät zum Einsatz kommt, das ein wenig einem Föhn ähnelt. Achtung: Das Holz darf nicht überhitzt werden!

Löst sich die Farbe, entfernt man sie von flachen Oberflächen mithilfe eines Metallspatels, von strukturierten Oberflächen mithilfe einer Metallbürste. Anschließend schmirgelt man das Holz in mehreren Schritten mit jeweils feinerem Schleifpapier ab. Große Flächen bearbeitet man mit einem Schleifgerät. Danach lässt sich das Holz wachsen oder neu streichen.

Soll ein Naturholzmöbel einen weißen Anstrich erhalten, der die Maserung des Holzes herausarbeitet, öffnet man in einem ersten Schritt die Poren des Holzes, indem man mit einer Drahtbürste in Faserrichtung streicht und die Fläche mit Grundlack überzieht. Die dickflüssige Paste, mit der die Poren gefüllt werden, kann man aus Wachs und weißen Pigmenten selbst mischen oder als Fertigprodukt kaufen. Sie wird dick auf das Holz aufgetragen. Nach dem Trocknen entfernt man die überschüssige Paste und lackiert die Fläche.

Soll der Anstrich die Maserung des Holzes gut sichtbar lassen, verdünnt man die Paste nach Bedarf und trägt die Farbe schnell mit einem einmaligen Anstrich auf.

▶ RATTAN

Rattanmöbel lassen sich mittels einer Mischung aus Wasser und Seifenlauge mit einer weichen Bürste reinigen. Anschließend stellt man die Möbel zum Trocknen in die Sonne. Im Winter holt man sie ins Haus. Rattanmöbel lassen sich mit einem speziellen Holzlack neu streichen. Eine hübsche Patina erhält man, wenn man den Lack mit feinem Sandpapier anschleift.

▶ METALL

Einen Metallanstrich entfernt man, indem man Flüssigbeize mit einem Pinsel aufträgt, sie einwirken lässt und anschließend mit Stahlwolle entfernt (dicke Schutzhandschuhe tragen). Ebenso kann man eine runde Metallbürste benutzen, die man an der Handbohrmaschine befestigt. Im Handel werden auch Bürsten aus Hartplastik oder Metall angeboten, die verschiedenen Abbeizstärken entsprechen. Verrostetes Metall reinigt man mit einer Metallbürste oder mit Stahlwolle. Streichen Sie Metall, das sich im Freien befinden soll, mit einer oder zwei Schichten Rostschutzmittel. Um Metall zu festigen und ihm eine schöne, natürlich wirkende Patina zu verleihen, kann man es auch wachsen.

▶ SILBERWAREN

Eine englische Antiquitätenhändlerin hat uns einen Tipp gegeben, wie man altes Silber pflegt und ihm eine schöne Patina verleiht, sodass es nicht zu stark glänzt. Mischen Sie 1 dl Wasser mit 3 Esslöffeln Schlämmkreide (ein 1-kg-Beutel kostet etwa 2 Euro) und polieren Sie damit das Silber mit einem sehr weichen Baumwolltuch. Besteck, Teller und Teekannen erhalten so ihren matten, eleganten Glanz zurück. Auch Zahncreme mit Bicarbonat ist ein ausgezeichnetes und sehr preisgünstiges Silberputzmittel. Tragen Sie sie mit einem weichen Tuch auf und spülen Sie sie gut ab. Ist das Silber sehr stark angelaufen, verwenden Sie zuerst ein Spezialprodukt. Benutzen Sie das Silberbesteck häufig, das ist der beste Schutz vor unschönem Anlaufen.

▶ BRONZE

Bronze kann man mit Seifenlauge und einigen Tropfen Spiritus reinigen. Anschließend mit klarem Wasser abspülen und mit einem trockenen, weichen (Woll-)Tuch nachpolieren. Grünspan lässt sich mit einem in Essig getränkten Tuch polieren. Sehr vorsichtig sein, da dieser Stoff giftig ist. Schutzhandschuhe, Mund- und Nasenschutz tragen.

▶ ZINK

Dieses Metall ist am einfachsten zu reinigen. Es genügt, Zink in Wasser mit etwas Zusatz von Salmiakgeist (ein Glas auf einen Liter Wasser) zu reinigen. Schutzhandschuhe tragen und die Flüssigkeit auftragen. Fünf Minuten einwirken lassen, dann unter heißem Wasser abspülen und trocken wischen. Alternativ lässt sich Zink durch Kochen in einer Sodalösung reinigen. Anschließend mit heißem Wasser abspülen. Im Handel sind zudem spezielle Zinkreiniger erhältlich.

▶ ZINN

Zinn läuft nicht wie Silber schwarz an, setzt keinen Grünspan an wie Kupfer und keinen Rost wie Eisen. Man reinigt es einfach mit Seifenlauge, und das nicht zu oft, denn es mag keine Feuchtigkeit. Stark verschmutzte Ziselierungen bürstet man mit einer Mischung aus 50% Olivenöl und 50% Schlämmkreide aus. Sofort abspülen und abwischen.

▶ LEDER

Auf dem Markt ist eine Vielzahl an Lederpflegeprodukten für Privathaushalte und Profis erhältlich. Trockenes und rissiges Leder kann durch Ledermilch Feuchtigkeit aufnehmen und wird wieder etwas weicher.

Um die Farbe von Ledermöbeln aufzufrischen, trägt man spezielle Lederfarbe auf, die dem Originalton möglichst ähnlich sein sollte. Die Farbe trocknet relativ schnell, und es besteht keine Gefahr, dass sie auf die Kleidung abfärbt.

▶ ÖLGEMÄLDE AUF HOLZ ODER LEINWAND

Möchte man ein neu erstandenes Gemälde reinigen, tupft man es sehr vorsichtig mit einem mit etwas Seifenwasser ganz leicht befeuchteten Schwamm ab. Nicht reiben! Anschließend wiederholt man das Ganze ebenfalls sehr behutsam mit klarem Wasser, um eventuelle Seifenspuren abzunehmen, die die Farben trüben könnten. Wenn die Firnisschicht des Gemäldes verschwunden ist oder die Farbschichten schon beschädigt sind, wendet man sich auf jeden Fall an einen Restaurator, um eventuell erforderliche Arbeiten durchführen zu lassen. Er kann Ihnen auch das richtige Produkt empfehlen, sollten Sie selbst Hand anlegen wollen.

▶ WÄSCHE

Geben Sie Zitronensaft zum Waschmittel, um ihre Wäsche strahlend weiß zu erhalten. Anschließend gut spülen.

Idealerweise wäscht man die Wäsche von Hand, in einer großen Plastikwanne (nicht aus Metall, um jegliche chemische Reaktion auszuschließen). Füllen Sie die Wanne mit sehr heißem Wasser und geben Sie Waschmittel sowie ein Bleichmittel hinein. Schutzhandschuhe tragen und die Anwendungshinweise des Herstellers befolgen. Die Wäsche einweichen (sechs Stunden bis vier Tage). Von Zeit zu Zeit umwälzen, um die Wäsche mit Sauerstoff in Kontakt zu bringen und um sicherzustellen, dass das Waschmittel in alle Fasern dringt. Ein Glas Essig (Spritessig) beim ersten Ausspülen entfernt sämtliche chemischen Rückstände aus den Gewebefasern. Anschließend noch mindestens zweimal mit klarem Wasser ausspülen. Auswringen und so flach wie möglich ausbreiten. Rostflecke lassen sich mit einem Spezialprodukt entfernen (Hinweise des Herstellers beachten).

Seide und Spitze weicht man nicht ein. Sie werden mehrmals kurz gewaschen und dabei nicht zu stark gerieben, bis man mit dem Ergebnis zufrieden ist. Das Wasser mithilfe eines saugstarken Handtuchs herausdrücken und die Wäschestücke zum Trocknen flach ausbreiten.

Bügeln sollte man die Wäsche vorzugsweise, solange sie noch feucht ist. Dampfbügeleisen müssen regelmäßig sorgfältig entkalkt werden (oder verwenden Sie gleich destilliertes Wasser). Bügeln Sie zum Schluss immer ohne Dampf über den Stoff, um Knitterfalten zu vermeiden, die sich einstellen, wenn man leicht feuchte Wäsche zusammenlegt.

Wäschestärke gibt es als Spray oder als Pulver. Sie wird beim letzten Spülvorgang ins Wasser gegeben. Vermeiden Sie Kartoffelstärke, die manchmal wegen ihrer Wirksamkeit empfohlen wird: Manche Tierchen stehen darauf! Stapeln Sie Ihre Wäsche so in den Schrank, dass die schweren Teile unten, die leichten oben liegen.

FLOHMARKT-HITS IN DEUTSCHLAND

Flohmärkte gibt es wie Sand am Meer, und bei dem umfassenden Angebot in Deutschland und anderen europäischen Ländern findet sich etwas für jeden Geschmack und jeden Geldbeutel. Wir möchten hier nur einige Highlights herausgreifen und Sie anstiften, auf Entdeckungstour zu gehen. Da nicht alle Flohmärkte feste Termine haben, bzw. Öffnungszeiten sich ändern können, empfiehlt es sich, sie auf den jeweiligen Internetseiten (siehe S. 75) zu überprüfen.

Also dann: Gut Trödel!

▶ BERLIN

Kunst- und Trödelmarkt an der Straße des 17. Juni
Wann: Jeden Samstag und Sonntag;
10:00 bis 17:00 Uhr

Der Flohmarkt am Charlottenburger Tor ist der bekannteste in Berlin und schon eine Sehenswürdigkeit an sich.

Antikmarkt am Ostbahnhof
Wann: Jeden Sonntag;
09:00 bis 17:00 Uhr

Der Flohmarkt in Berlin-Friedrichshain präsentiert weniger Kleinkram, dafür alte Möbel und hochwertige Antiquitäten.

▶ HAMBURG

Lehmweg-Flohmarkt
Wann: Keine festen Termine

Anspruchsvoller Trödel auf einem der ältesten Flohmärkte der Stadt im Stadtteil Eppendorf.

▶ WUPPERTAL

Vohwinkeler Flohmarkt
Wann: Nur einmal jährlich, und zwar am letzten Sonntag im September;
11:00 bis 18:00 Uhr.

Weltgrößter Eintages-Flohmarkt, der unter der Wuppertaler Schwebebahn stattfindet. Die offizielle Eröffnung ist um 11 Uhr; da bereits ab Mitternacht aufgebaut wird, sind viele Käufer schon nachts unterwegs.

▶ BONN

Rheinauen-Flohmarkt
Wann: Von April bis Oktober
jeden 3. Samstag im Monat;
8:00 bis 18:00 Uhr

Allerhand interessanten Krimskrams aus Privathaushalten bietet der riesige Flohmarkt im Freizeitpark „Rheinaue“ – professionelle Händler sind nicht zugelassen.

▶ LIMBURG

Limburger Flohmarkt
Wann: Am ersten Sonntag im September; 8:00 bis 16:00 Uhr

Limburg ist bekannt für sein pittoreskes Stadtbild – eine wunderbare Kulisse für den traditionellen Flohmarkt auf sämtlichen Plätzen der Innen- und Altstadt.

▶ NÜRNBERG

Trempelmarkt
Wann: Jeweils am zweiten Wochenende im Mai und September;
freitags 16:00 bis 24:00 Uhr;
samstags 7:00 bis 18:00 Uhr

Der Trempelmarkt gilt als größter Flohmarkt Deutschlands und hat eine besonders attraktive Lage auf dem Hauptmarkt in der Nürnberger Altstadt.

▶ TRAUNSTEIN

Traunsteiner Flohmarkt
Wann: Am „Blattl-Sonntag" Ende Oktober; 8:00 bis 17:00 Uhr

Vielfältiges Angebot von Antiquitätenhändlern und Privatverkäufern in der gesamten Innenstadt.

▶ PFAFFENHOFEN A. D. ILM

Pfaffenhofener Nachtflohmarkt
Wann: An einem Augustsonntag; 14:00 bis 24:00 Uhr

Einmal jährlich bietet das idyllische Pfaffenhofen eine besondere Attraktion: buntes Flohmarkt-Treiben bis Mitternacht!

Flohmarkt auf dem Volksfestplatz
Wann: An jedem vierten Sonntag im Monat; 6:00 bis 14:00 Uhr.

Große Auswahl an Raritäten und antiken Möbeln auf dem Volksfestplatz und in der überdachten Hopfenhalle.

▶ KEFERLOH

Antikmarkt Keferloh
Wann: Jeden ersten Sonntag im Monat (Pause im Januar); 8:00 bis 17:00 Uhr

Auf dem Antik- und Trödelmarkt beim Gasthof Kreitmair in Keferloh – östlich von München – werden anspruchsvolle Sammlerobjekte und Antiquitäten angeboten.

WEITERE FLOHMARKT-HITS IN EUROPA

Frankreich

▶ PARIS

Saint-Ouen
Wann: Samstag, Sonntag, Montag;
8:30 bis 18:00 Uhr
Im Winter: 10:00 bis 17:00 Uhr

Der Flohmarkt an der Porte Clignancourt ist der berühmteste in Paris und gilt als der größte weltweit!

Marché d'Aligre
Wann: Täglich außer Montag;
7:30 bis 13:30 Uhr

Traditionsreicher Trödel- und Klamottenmarkt nicht weit vom Place de la Bastille, auf dem auch Obst- und Gemüsehändler ihre Ware feilbieten.

Porte de Vanves
Wann: Samstag von 06.00 bis 13:00 Uhr,
Sonntag von 07:00 bis 13:00 Uhr

Spielzeug, Bücher, Schmuck, Möbel und mehr auf diesem bei Jung und Alt sehr beliebten Flohmarkt.

▶ L'ISLE SUR LA SORGUE

Das Städchen L'Isle sur la Sorgue ist das Antiquitäten-Mekka in der Provence!
In den umliegenden Dörfern haben sich zahlreiche Antiquitätenhändler angesiedelt. Der sonntägliche Flohmarkt in L'Isle sur la Sorgue findet von 8:00 bis 18:00 Uhr statt.

▶ LILLE

Braderie de Lille
Wann: Erstes September-Wochenende;
6:00 bis 15:00 Uhr

Zwei Tage lang Flohmarkt mit Volksfestcharakter (gleichzeitig findet ein großes Muschelwettessen statt!) und Tausenden von Besuchern!

▶ METZ

Flohmarkt im „Parc des Expositions"
Wann: An 20 Samstagen im Jahr;
6:00 bis 12:00 Uhr

Der Flohmarkt in den Messehallen bietet exklusive Antiquitäten wie auch Interessantes aus Privathaushalten.

Belgien

▶ BRÜSSEL

Flohmarkt am Place du Jeu de Balle
Wann: Täglich 6:00 bis 14:00 Uhr.

Dieser Trödelmarkt ist das ganze Jahr über täglich geöffnet!

▶ TONGEREN

Flohmarkt Tongeren
Wann: jeden Sonntag von 5:00 bis 13:00 Uhr.

Renommierter Trödelmarkt entlang der historischen Stadtmauer in der ältesten Stadt Belgiens.

▶ TEMPLOUX

Flohmarkt Temploux
Wann: An einem Wochenende Ende August; samstags ab 7:00 Uhr bis sonntags 18:00 Uhr.

Der größte Flohmarkt Belgiens mit Feuerwerk in der Flohmarktnacht.

Großbritannien

▶ LONDON

Portobello Road
Wann: Freitag und Samstag;
9:00 bis 19:00 Uhr

Hier findet man sie, die „typisch britischen" Sammlerstücke, auf dem berühmten Flohmarkt im malerischen Viertel Notting Hill.

Camden Lock
Wann: Samstag und Sonntag;
8:00 bis 18:00 Uhr

Der große Flohmarkt in Camden bietet ein buntes Gemisch von Tand und Antiquitäten.

Österreich

▶ GRAZ

Grazer Fetzenmärkte
Wann: Viermal jährlich, freitags und samstags; 5:00 bis 18:00 Uhr

„Fetzen" steht für gebrauchte Klamotten, aber auf den Grazer Fetzenmärkten werden auch viele Trödelwaren wie alte Bücher, Möbel, Schmuck ... angeboten.

Schweiz

▶ LE LANDERON

Brocante Le landeron
Wann: Letztes Septemberwochenende;
Samstag: 8:00 bis 19:00 Uhr,
Sonntag: 8:00 bis 18:00 Uhr

Gigantischer Antik- und Trödelmarkt am Bieler See.

Niederlande

▶ AMSTERDAM

Waterlooplein-Flohmarkt
Wann: Täglich (außer Sonntag);
9:00 bis 18:00 Uhr

Der Flohmarkt auf dem Waterlooplein-Platz ist der größte Flohmarkt der Stadt.

Spanien

▶ MADRID

El Rasto
Wann: Jeden Sonntag;
9:00 bis 14:00 Uhr

Größter Flohmarkt von Madrid, der zwar inzwischen auch viele Neuwaren hat, aber durch seine einzigartige Atmosphäre besticht.

Italien

▶ AREZZO

Antimarkt Arezzo
Wann: Am ersten Wochenende jedes Monats, Samstag und Sonntag

Die historische Stadt in der Toskana liefert eine traumhafte Kulisse für den Antimarkt unter den Arkaden auf der Piazza Vasari.

NOTIZEN

REGISTER

DANKSAGUNG

Wir sind all jenen zu Dank verpflichtet, die die Realisierung dieses Buches ermöglicht haben. Besonderen Dank schulden wir: Alicia de Rolland und Kilou für ihre guten Tipps, Caroline Giraud de Carouche für ihre guten Adressen und ihre gute Laune.

Folgenden Personen danken wir dafür, dass sie uns ihre Türen geöffnet haben:
Xavier Alexandre,
Broc 2 Bar,
Henriette Byng,
Sébastien und Laurent Corominas,
Claude und Alain Fassier *La Maison Fassier*,
Renaud und Élisabeth Giroux,
Herrn Lagoute,
Florence Le Maux,
Sébastien und Benjamin Marneur
von *La Brocante Mongole*,
Franck und Sophie Merlet,
Yahiya Ouled Moussa von *Yoming*,
Stéphane und Armelle Vannier
und allen Trödel- und Antiquitätenhändlern von Bastille, Chatou und L'Isle-sur-la-Sorgue für ihre freundliche Aufnahme und Unterstützung.

Dank an Sabine Canonica und an den Tourismusverband der Region Provence-Alpes-Côte-d'Azur für ihre Hilfe und an *La Maison sur-la-Sorgue*, das wunderbare Gästehaus, für die Unterbringung.

Dank an Agnès und das gesamte Redaktionsteam bei Fleurus für ihren Elan!

Dank an Cécile und Alex für ihre Ermutigung und an unsere Jungs für ihre leuchtenden Augen, wenn wir bei Trödlern und Antiquitätenhändlern stöberten.

Seite 19 unten: © Am./Pm. über la Redoute. Mit bestem Dank.

Genehmigte Sonderausgabe

Titel der französischen Ausgabe: Déco à vivre – Brocante

Übersetzung aus dem Französischen: Anke Wellner-Kempf
Umschlaggestaltung: rincón2, Köln
Printed in Slovakia